稻盛经营学
落地操作手册

林国华◎著

人民东方出版传媒
东方出版社

序 言

2020年1月，一场严重的新冠肺炎疫情席卷全国，牵动全国人民的心。为了防止疫情扩散，国家采取了全国人民居家隔离的方式以切断传染源：大中小学一律停课，严格限制外出，进出小区要凭出入证。为了支持国家"战疫情，稳经济"的号召，全国人民通过各种方式来表达自己的支持。其中，居家隔离就是对疫情最大的支持。那么，全家人宅在家几十天，自己可以为社会做一些什么贡献呢？我想，疫情过后，我应该助力中国企业恢复经营。

从2011年至今，我已经研究、践行和传播稻盛经营学将近10年，做了8年稻盛经营学的培训咨询，这期间积累了有关稻盛经营学咨询落地的丰富经验。如果把这些管理咨询的落地经验整理成册，普通的读者或者中小微企业老板和高管哪怕按图索骥、一步一个脚印地导入稻盛经营体系，也能取得不同程度的成功，这也算是我对恢复经济贡献了自己的绵薄之力。

按照落地咨询的思路，不到 1 个月的时间，我就把这本《稻盛经营学落地操作手册》撰写了出来。第一章到第十二章是对"稻盛经营学落地十二化"的详细说明和解读，每一章的最后都注明了落地操作要点，还按照落地需要毫无保留地在附录部分（二维码下载）公布了各种最新的专业咨询表格和工具。第十三章是《稻盛经营学落地操作手册》的说明书，我将整个落地流程步骤都列举出来，并做了详细的说明，尤其针对导入稻盛经营学的第 1 年到第 2～3 年都做了落地的安排。

由于很多老师把稻盛先生创立的阿米巴经营模式当作工具来落地推广，取得的效果不是很理想，于是我从 2015 年开始研究并率先创建了稻盛经营体系，通过大量的案例实践，全部取得了项目落地的预期效果。不过，因为这涉及商业秘密，或者说是咨询老师的看家本领，几乎没有老师会把自己的落地体系整理成册并公开出版发行。受稻盛塾长的教诲——"动机至善、私心了无"的影响，我认为，只要有利于人类和社会的进步与发展，我很乐意公开这些经营落地理论。

稻盛经营体系包含稻盛哲学和阿米巴经营，又叫心学和实学。其中，稻盛哲学是稻盛和夫先生总结的，而阿米巴经营是稻盛和夫先生创立的。这两者是稻盛经营体系的一体两面，不可分割。如果把稻盛哲学和阿米巴经营分开，稻盛经营学就无法真正落地。稻盛哲学是稻盛经营学的灵魂，而阿米巴经营是稻盛经营学落地的载体，它们是组成稻盛经营学的两部分，是密不可分的一个整体。所以，只有哲学阿米巴才能真正完成稻盛经营学落地。

我特别强调《稻盛经营学落地操作手册》是哲学阿米巴，是以传播稻盛经营学为使命的经营体系。希望疫情过后，广大中小微企业都能快速导入这一套完整的稻盛经营体系。

目前疫情还没有结束，我就马上联系了东方出版社的许剑秋先生和姜云松先生，他们对出版此书特别支持。另外南宁盛和塾理事团队也表示了对本书的期待和支持，希望未来的塾生企业能按照这本落地操作手册的指引去导入哲学阿米巴，帮助塾生们都顺利导入稻盛经营体系。

因为本书是专门为稻盛经营学在企业落地而撰写的，所以，本书除了适合专业咨询师、培训师、企业老板、股东和管理干部阅读之外，企业基层员工也可以阅读。

动机至善，私心了无！让我们一起携手共修稻盛经营学，提高心性，拓展经营！

林国华

2020 年 5 月

第四章　愿景落地战略化

第五章　企业战略落地组织化

第六章　企业组织落地流程化

第一章

哲学落地理念化

第一节 稻盛经营学的实证本质

"不忘初心，牢记使命；回归原点，实现梦想。"这是稻盛经营学导入企业的落地基础与出发点，也是关键点。我们时刻都要谨记初心，时刻都要回归原点进行思考和决策。

稻盛经营学是稻盛哲学和阿米巴经营的统一体，也是思维方式和方法论的统一体，或者说是心学和实学的统一体。其中，"思维方式"和"心学"是指稻盛哲学，"方法论"和"实学"是指阿米巴经营，而"统一体"是指稻盛经营学一体两面的统一：一面是思想灵魂，另一面是落地载体。稻盛哲学和阿米巴经营是密不可分的，它们构成了完整的稻盛经营学。稻盛经营学通过阿米巴经营作为落地载体导入企业运营，阿米巴经营只是稻盛哲学的呈现物。

稻盛哲学不是思辨哲学，而是实证哲学，是以京瓷、KDDI和日本航空三家世界五百强企业作为经营实证成功案例的哲学体系，也是阿米巴经营实证成功的经典案例。阿米巴经营从此走向世界，推动着千千万万的企业走向成功，这就是稲盛经营学的实证本质。

企业就像一个人，由思想灵魂与肉身载体两部分组成。没有思想灵魂的肉身载体只不过是一具尸体，没有肉身载体的思想灵魂只能算是一个鬼魂。只有思想灵魂和肉身载体相结合，才能成为一个真正意义上完整的人；只有思维方式和方法论相统一，才能成为一套完整落地的稲盛经营学体系。哲学与阿米巴二者不可分割，是一对互补的统一体。

稲盛经营学不仅是让企业拿来学的，更是给企业用来实践的。实践是检验真理的唯一标准，稲盛经营学这门真理就是一门实践型经营体系，越实践越理解，越理解越进步。

稲盛哲学诞生于 1961 年，那一年正是京瓷创立的第三年，公司有 10 名入职一年多的员工突然跑到稲盛先生面前要求改善待遇，而且还写了血书，态度非常强硬，甚至以集体辞职来要挟。稲盛先生经过与他们进行三天三夜的谈判，才最终留住这批员工。

稲盛先生经过几个星期的苦思冥想之后突然开悟："虽然起初我是为了实现一个技术人员的梦想而创办公司，但是一旦公司成立之后，员工却将自己的一生都托付给公司。所以，公司应该有更重要的目的，那就是保障员工及其家庭的生活并为其谋幸福，我必须带头为员工谋幸福，这就是我的使命。"

就此，稲盛哲学在京瓷诞生。京瓷的经营理念被确定为：

"在追求全体员工物质与精神两方面幸福的同时，为人类和社会的进步与发展做出贡献。"稻盛哲学在京瓷内部叫京瓷哲学，这些内容适合世界上任何类型的企业参考使用。这是稻盛哲学的核心理念，一百年不动摇。稻盛哲学理念化既是企业经营的原点，也是企业哲学的原点。

第二节　稻盛经营学的核心内容

稻盛经营学的核心内容包括稻盛哲学和阿米巴经营两部分，而最为核心的就是稻盛哲学。稻盛哲学又分为人生哲学与经营哲学两部分，本质上它们也是一体两面的统一体，其内容归纳为京瓷哲学七十八条。以下是稻盛哲学的核心内容：

一、京瓷哲学七十八条的核心内容是成功方程式

人生·工作的结果 = 思维方式 × 热情 × 能力

二、稻盛人生哲学的核心内容是六项精进（出自《活法》）

1. 付出不亚于任何人的努力；

2. 谦虚戒骄；

3. 天天反省；

4. 活着就要感谢；

5. 积善行、思利他；

6. 不要有感性的烦恼。

三、稻盛经营哲学的核心内容是经营十二条，其中第一条是核心中的核心，其重要性甚至高达 90% 以上

1. 明确事业的目的和意义；

2. 设立具体的目标；

3. 胸中怀有强烈的愿望；

4. 付出不亚于任何人的努力；

5. 销售最大化，费用最小化；

6. 定价即经营；

7. 经营取决于坚强的意志；

8. 燃烧的斗魂；

9. 临事有勇；

10. 不断从事创造性的工作；

11. 以关怀之心，诚实处事；

12. 保持乐观向上的态度，抱着梦想和希望，以坦诚之心处世。

四、稻盛哲学的判断基准

作为人，何谓正确？

一套完整的稻盛经营学体系落地又叫稻盛经营体系落地，稻盛经营体系究竟应该如何在企业落地？具体究竟怎么操作？稻盛经营体系究竟应该如何才能顺利导入企业经营中？任何完美的经营体系落地都需要工具、方法和路径，这就是撰写《稻盛经营学落地操作手册》的意义所在了。

第三节　稻盛经营学的落地路径

　　稻盛经营学在企业实施落地的时候，首先要把虚的概念转化成实的文字，再把实的文字转化成真的数字。所以，稻盛经营学的落地路径就是从稻盛哲学到阿米巴数字的"经营十二化"：哲学落地理念化、理念落地使命化、使命落地愿景化、愿景落地战略化、战略落地组织化、组织落地流程化、流程落地制度化、制度落地标准化、标准落地数字化、数字落地表格化、表格落地会计化和会计落地软件化。

　　数字是经营结果的呈现物，有什么样的企业哲学就会有什么样的经营数字，有什么样的经营数字就能呈现什么样的企业哲学。经营数字好，则稻盛哲学落地效果好；经营数字不好，则稻盛哲学落地效果不好。稻盛经营学要在企业落地，就是稻盛哲学在企业的实践，可以先把稻盛哲学企业化，结合企业的实际情况，转化成企业哲学。

　　稻盛经营学落地的第一步是把哲学落地理念化，让哲学理念成为企业每一位员工坚定的信念，甚至成为信仰。理念可以理解为理性的念头，也叫起心动念或者初心。

稻盛哲学的本质是利他哲学，稻盛哲学理念化就是利他哲学理念化。企业所有组织和全体员工都要拥有相同的利他理念，那么这个理念必须是温柔而且为他人着想的爱念，这份爱念必须让全体员工都意识到企业是爱自己和珍惜自己的。经营者如果能做到言出必行，员工就会明白自己工作的企业是一个值得大家终生追随的企业。一旦大家都有了这种能产生共鸣的念头，员工就会真正爱上自己的公司。

1. 你是一个什么样的人？（员工的自我评价）

2. 你为什么选择在这个企业工作？（员工的工作目的和意义）

3. 你想成为一个什么样的人？（员工的梦想和希望）

这三个问题的答案是员工的初心。稻盛经营学落地的第一件事是要明确所有员工的初心，"初心见证"就相当于员工的一种自我承诺。员工的"初心见证"在每个月召开业绩分析会之前都要抽查，而且还要追问被抽查员工是否有进步。今天要比昨天进步，本月要比上月进步，今年要比去年进步。不忘初心，方得始终，不定期抽查是对员工初心的肯定。

稻盛哲学落地理念化还要明确企业创始人的初心，这个创始人可能是一个人，也可能是一个创始团队。大家创办企业的动机是什么？当下企业为什么还要继续经营下去？作为人，何谓正确？这是企业经营最根本的哲学判断，也是企业创始人的发心，这一点一定要明确。

明确企业创始人经营企业的目的和意义，这是企业理念落地操作的第一步。

企业理念是稻盛哲学的原点，明确企业的经营原点，就等于找到了经营真谛。时刻回归经营原点来思考问题，企业经营就不会再有经营困惑，战略、组织、流程、制度问题统统都不是问题。只要符合企业经营理念，这些正确的事情都可以做，人人都是经营者，每个人都可以做决定，把作为人应该做的事情以正确的方式贯彻到底，这是稻盛哲学的根本。

稻盛哲学的起心动念（动机）、发心和初心是稻盛经营体系的起点，也叫出发点（原点），企业经营就要从这里开始出发，不管企业发展到什么程度，始终都要不忘初心、牢记使命。经营过程中不管遇到任何困难，只要回归原点思考，都能顺利解决。

正确的企业哲学需要正确的企业理念，所以说稻盛哲学落地必须理念化，回归企业理念就等于回归企业哲学。只要你的起心动念对了，哲学、方向和结果就没有问题。

明确事业的目的和意义，明确企业经营的初心和原点，从企业创始人到全体员工都要明确做每一件日常工作的目的和意义是什么。反复叩问，反复宣导，反复渗透，直到企业理念在员工心中根深蒂固。

幸福的起点就是终点，终点又是新的起点。起点是幸福，过程是幸福，终点也是幸福。构建幸福型企业是稻盛经营学的起点，也是稻盛经营学毕生追求的终极目标。企业发展总是呈现为螺旋式向前发展，幸福型企业的构建也是呈现为螺旋式向前推进。

不同阶段、不同时期的经营目标不一样，幸福感也不一样。因与果循环，始与终反复，幸福之路却从来也不会重复。提高心性，拓展经营；拓展经营，提高心性。如此循环不止，周而复始。动机至善、私心了无只是自利利他而已，不能只是追求提高心性，没有拓展经营也体现不出心性的提高，因果循环，相辅相成。

稻盛经营学的落地路径就是"经营十二化"，虽然稻盛哲学落地需要理念化，但是理念必须以阿米巴经营为载体，以阿米巴会计为工具，二者合为一体，才能让企业理念产生社会价值。稻盛经营学落地的第一步是梳理提炼企业的理念，企业要如何进行落地操作呢？

接下来是哲学落地理念化的落地操作方法，要通过中高层干部研讨会来表决：

企业理念是经营的初心和原点，动机一定要光明正大，也要具备大义名分。经营企业的目的和意义究竟是什么？为什么要开展这项事业？这个企业存在的理由是什么？企业是为了谁而经营？大家讨论"企业是为谁而经营"时，这个"谁"一定要特别明确。

因为企业哲学需要全员共有，所以提炼企业理念的时候，一定要核心中高层干部全体参与，一起研讨并举手表决。哲学共有要从研讨开始共有，参与研讨的员工越多，哲学共有的程度就越深。企业不是老板一个人的企业，也不是几个股东的企业，而是全体员工的企业。大家一起参与研讨、一起思考、一起表决企业的初心，哲学共有要从一起制定的时候开始。其他员工也要参与修改完善，一旦最后确定，企业理念可以沿用一百年以上不动摇。

理念落地一方面要结合员工初心，进行不定期抽查、反省和自我批评，让员工做到不忘初心，时刻谨记做人做事的原点，决策判断都不能离开原点。作为人，何谓正确？常常自问自答，回归初心，回归原点，每个问题都不是以利益得失而是以是非善恶作为判断的标准，让员工逐步形成这种思维习惯和判断标准，让企业理念逐步深入到员工的灵魂深处。

企业理念就是要把作为人应该做的正确的事情，以正确的方式贯彻到底，这是拿来遵循和实践的。如果借口说市场竞争激烈、情况紧急，就可以不遵守企业理念，从而把理念扭曲，这就不是理念了。换一句话说，企业如果要靠扭曲理念才能苟延残喘，那么这种企业也没有什么存在的意义和价值了，还不如让它早点关门大吉，这就是企业理念的底线。

如果说企业理念是哲学落地的起点，企业愿景是哲学落地的阶段性终点，那么企业使命就是哲学在落地过程中企业必须承担的社会责任。稻盛经营学在企业落地是一个闭环的循环体系，当全体员工习惯成自然，懂得自动自发地一起去追求物心幸福，企业理念才谈得上真正落地。企业经营者一定要摒弃私心私欲，才能与全体员工一起打造幸福型企业。

中国企业理念举例如下：

1. 口腔企业：让员工幸福，让顾客满意。

2. 餐饮企业：追求全体员工物质与精神两方面的幸福，为社会做贡献。

3. 眼镜企业：为实现员工的物质和精神双丰收而努力奋斗。

4. 婴童企业：实现全体员工物质和精神两方面的幸福，为顾客提供最安全、最好的产品和服务。

哲学落地理念化的操作要点

1. 全体员工填写《初心见证表》(参考附录表格一)

2. 梳理并提炼完成《企业理念》

微信扫一扫即可获取附录

第二章

理念落地使命化

第一节　社会呼唤责任感和使命感

利他哲学自然会产生利他理念，利他理念作为一个充满爱的念头，如何才能造福他人、造福社会呢？理念落地需要使命化，好的理念需要能落地，好的动机需要去实现，好的初心需要去践行。企业理念是创始人的初心，这份初心存在的理由是什么？为了实现自身的价值，企业要在哪个领域展开业务？……

要回答这些问题，实现这份初心，企业必须承担的社会责任就是企业使命。企业使命是一种社会责任，究竟是一种什么样的社会责任？作为一家企业，究竟要承载哪些社会责任？为社会创造就业机会，为社会进步提供创新技术，为社会发展依法足额纳税……可是，现代社会不仅仅缺失诚信，还缺失责任感、使命感，整个社会都在呼唤责任感和使命感。

理念落地使命化，就是要打造一家充满社会责任感的企业，打造一个充满伟大使命感的组织平台。应成为愿意承担社会责任的企业，而不是只懂独善其身的利己企业。理想很美好，现实很骨感，愿意主动站出来承担社会责任的企业毕竟还是少数，所以，利他理念使命化，是稻盛经营学落地必须走的一个步骤，也是一个非常重要的步骤。

稻盛哲学是利他哲学，可是要让企业怀抱着利他之心去主动承担社会责任，真的是任重道远，需要更多的利他理念支持。这时候，正确的企业使命构建就能实现利他理念的落地，利他理念是社会和谐发展的基石。

人为什么要活着？要怎样活着？活着的目的和意义是什么？这是哲学的原点，也是人类生存的原点。只要能抓住事物的原点和本质，我们就能明白自己活着的目的和意义，找到让自己能够度过美好人生的方法和路径，这点很重要。明确企业理念就会让你内心充满使命感，明白自己的责任，明白自己的存在价值，明白自己要做什么样的企业。

使命和理念比较相似，很容易混淆或者理解错误，我们要从不同维度理解。

理念是理性的念头或者概念，因为是人的起心动念，所以它是原点或者出发点这个维度；使命的原义是"使者的命令"，是一种责任，是实现价值的过程维度；而愿景是愿望的实现场景，是一个结果，是实现目标的阶段性成果维度。企业的理念、使命和愿景可以分为三个维度去理解，不过在实际操作的时候，它们三者是一个整体，综合起来就是企业经营理念。

第二节　如何梳理并提炼企业使命

哲学落地就是实现哲学共有，干部员工参与制定企业使命也是一个哲学共有的过程，是哲学共有必不可少的关键一环。同时企业需要定期对照企业使命并反思，员工有没有付出不亚于任何人的努力去追求使命？员工内心对企业使命有没有真正产生共鸣？

哲学越简单越容易落地，哲学落地到企业使命的层面，基本上就能够找到愿意为企业哲学的严肃性承担责任的个人和组织了。企业哲学绝不是简单的喊口号，而是为了实现全体员工的物质和精神幸福而存在的。如果经营者没有这种社会责任感，员工们没有这种神圣的使命感，那么企业哲学手册制定得再漂亮也是徒劳。

理念落地使命化，就是把企业哲学理念转化成员工内心的神圣使命，目的就是让全体员工心甘情愿地为内心的使命而奋斗。企业使命相当于人生的一种信仰，一种让人心生敬畏、愿意牺牲自己而承担一切的信念，这种信念是高尚而伟大的。

企业使命与企业理念的梳理提炼方式其实是一样的，那么企业具体要如何进行落地操作呢？

企业使命的梳理提炼也需要企业的创业元老和中高层干部参与，直到最后实现全体员工哲学共有。企业要培养充满使命感的员工，就要让他们认可企业使命。企业使命也是员工的使命，只有让员工充分参与，企业使命、理念和哲学才能真正落地。

企业使命的梳理，就要看企业在哪个行业哪个领域开展业务，我们在实现自己经营目标的时候，员工要承担哪些社会责任？我们凭什么可以立足于这个社会？我们可以为社会、股东、客户和员工贡献哪些价值？我们可以为人类和社会做出哪些贡献？

究竟要如何操作企业使命的梳理提炼呢？针对以上问题，每个参加研讨的中高层干部在进行认真思考以后，都要用文字阐释自己的意见，然后再现场一起举手投票决定企业使命的内容，根据少数服从多数的漏斗原理，大家一起群策群力，提炼出最适合企业的使命并做出大家都认可的解读。另外，还要在全体员工面前宣讲，征求大家的意见，最后再确定能落地的企业使命内容。这是一个梳理提炼使命的过程，更是一个哲学共有的过程。

第三节　如何追求员工的物心幸福

在确定企业使命的过程中，我们还要做一份《企业幸福指数评价表》，看看企业的幸福指数究竟有多高，需要在哪方面继续努力。这份表格可以让尽可能多的员工填写，从员工、企业和社会三个维度进行客观评价，内部进行不记名投票填写评价表，一共 20 个问题，每题 5 分，可以按照百分制折合评分。每位员工的评价总分加起来再求平均分，这就是企业幸福指数的分值。全体员工每年填写一次评价表，看看企业幸福指数的进步会有多大。

在实现企业使命落地的过程中，我们要追求全体员工物质与精神两方面的幸福，那么我们首先就要搞清楚这几个问题：什么是物质幸福？什么是精神幸福？幸福从哪里来？如何追求员工的幸福？如何实现员工的幸福？如果这几个问题不搞清楚，就谈不上哲学落地。

因此，理念落地使命化，员工幸福清晰化，幸福的梦想才能实现。幸福既是一个极其普通的东西，又是一个极其奢侈的东西。

自古以来舍弃一切追逐幸福的王侯将相很多，可最终真正得到幸福的人又有多少个呢？似乎，幸福遥不可及；似乎，幸福又触手可及。

一、什么是物质幸福？

作为一名企业员工，物质幸福就是通过在企业获得的工资、奖金和福利等这些金钱物质待遇以及社会福利保障而得到满足，因为物质满足而对生活有安全感，进而发自内心喜悦并萌生出一种人生的幸福感。

知足常乐幸福，不知足、过度贪心则痛苦不堪。那么，是不是越有钱越幸福？答案一定是否定的。通过勤勤恳恳、流血流汗和光明正大地努力工作赚钱换来的物质满足，可以说是一种清清白白的幸福。可是，只想一劳永逸、投机倒把和偷偷摸摸地轻松工作赚钱换来的物质满足，除了物欲的快感，不会有幸福感。

企业员工要获得高收入，只能依靠不断地提高企业的高收益，顾客消费增加且销售额和利润增加才会有员工收入的增加。企业员工要想获得高收入，前提一定是企业利润实现最大化。员工的收入不是企业主的恩赐，而是来自顾客的垂青、市场的认可。

只有员工服务得好，顾客才愿意花更多的钱来购买服务或者产品；只有员工能真正满足顾客的需求，创造了销售额，再通过员工勤俭节约降低费用，企业才有高利润；只有员工为企业创造了高利润，企业主才有提升员工收入的物质基础。

幸福是靠员工自己创造的，别人给不了。所以，员工的收入本质上是自己努力挣的，不是老板给的。员工付出的努力、贡献的价值，都会变成他的收入。

员工的收入来自市场、来自顾客，企业只是一个实现收益的平台，财务部只是代发工资的部门。所谓的高收入，起码在行业内处于中上水平，有了高业绩和高收入，员工才会有物质幸福。幸福不是嘴巴说说而已，幸福需要到市场流血流汗地打拼出来。

二、什么是精神幸福？

如果说企业是全体员工的集合体，员工是企业生存与发展的根本，那么，精神幸福就是指员工对工作的一种热爱，是可以让员工在工作中感受到生命意义的内心喜悦和人生价值。精神幸福是一种感受，如何让员工感受到幸福最重要。

员工的精神幸福只诞生于幸福团队，如果团队没有幸福的空气和土壤，哪来幸福的员工？幸福团队首先体现在尊重，彼此因为工作分工不一样，职务和岗位也都不一样，可是彼此的人格却是一样的，团队里必须彼此互相尊重，在这样的工作环境生存才有幸福可言。

精神幸福不是精神论，不是控制员工的思想，而是让思想更加自由开放，让员工成长为一名懂感恩和肯担责的人。工作不缺乏责任，只缺乏肯担责的人。勇于承担工作和生活责任的人，一定是内心充满使命感的人，一定是最先懂得感受精神幸福的人。

精神幸福的人一定明白自己活着的目的和意义，一定知道自己对社会的价值所在，一定清楚自己肩上沉甸甸的使命。那些已经做到责任最大化的员工，一定是充满使命感的员工，在完成使命的过程中，在承担责任的过程中，他们的内心也在感受着幸福。

三、幸福从哪里来?

幸福是一种感觉，幸福是一种存在，幸福是一种解脱。每个人只有去除自己的悲伤和痛苦，才会得到内心的宁静，才会得到想要的幸福。幸福有一扇门，一扇可以通向灵魂深处的大门。如何才能打开这扇幸福之门? 其实，进入幸福之门很简单，只要你每天都坚持践行利他就可以。幸福一直住在你的内心深处，你不用全世界去寻找。只要踏入心灵的旅途，你就能遇见幸福，因为幸福一直都在你的心里。

家家都有一本难念的经，不是你不幸，而是你有了不幸的念想。不以物喜，不以己悲，只有心境平和，你才能遇见幸福。那么如何才能保持一颗平和的心呢? 要工作，要劳动，要做事，无聊的人总是喜欢胡思乱想，思绪难以平和下来。把心思放在自己热爱的事情上面，心境自然就会变得平和。幸福从哪里来？行善积德、践行利他就能品味到幸福。

幸福不是来自你有多成功，而是来自有多少人因为你的帮助而成功，幸福属于利他者，属于对社会有贡献的人。事实上，拥有的不是幸福感，而只是快感，不要把快感当成幸福感，付出才有幸福感。利他是一种付出，利他才能自利。利他也是打开幸福之门的钥匙，践行利他就能进入幸福之门，幸福的人既没有悲伤也没有痛苦，只有内心宁静的喜悦。

幸福从哪里来？一份平和、喜悦的心境，就会让你时刻充满着幸福感。利润最大化会产生物质幸福，责任最大化就会产生精神幸福。在践行利他、帮助别人的同时，幸福悄然而至；在感受幸福、分享幸福的同时，幸福惠泽八方。幸福从哪里来就到哪里去，越传播就越幸福，越分享就越幸福，我的幸福从你的幸福中来，幸福是幸福的源泉。

四、如何追求员工的幸福？如何实现员工的幸福？

稻盛先生已经传授给了我们六项精进和经营十二条的哲学思想，那么稻盛经营学落地使命化，就是要运用六项精进和经营十二条来具体解决上述两个问题。

1. 追求员工的幸福，我们一定要付出不亚于任何人的努力。幸福不会随随便便来敲门，我们付出的努力如果不足以感动上天、感动员工、感动自己，幸福就不会轻易降临。

2. 谦虚戒骄，时刻保持一颗谦恭之心，只有让内心平和才能感受到幸福。

3.为了员工的幸福，我们每天都做了什么？每天都要反省，不断改良改进，让全体员工，包括自己都要幸福。幸福不仅仅是一个奋斗目标，更是追寻过程的一种喜悦。

4.每天睁开眼睛看一看，自己还活得好好的，那就已经是一种幸福。活着就要感谢。不要太贪心，在这个世界上，可以活着生存下去，本身就已经很了不起。你有压力，我也有压力，大家活着都很不容易，感谢上天，感谢自己，很庆幸我们都还活着，真的很幸福。

5.积善行、思利他，才能让幸福始终伴随着我们。你幸福，我幸福，大家都幸福，这样的幸福才是真正的幸福。尽量少说多做，知行合一，度过一个无怨无悔的人生。

6.顿顿吃好饭，天天睡好觉，不要有感性的烦恼。一切都是最好的安排，幸福或不幸福，顺其自然，心安理得。过去的就让它过去，要把握好当下、脚踏实地、着眼未来。

五、分八个层次理解实现幸福

1.让自己幸福。活着就要感谢，知足就会常乐。如果你身体健康、四肢健全并开心快乐，你就是一个幸福的人。只有先实现自己的幸福，才能让世界幸福。用自己的幸福去影响世界，世界会因你而幸福。每天坚持锻炼，让自己幸福起来，就会给世界带来幸福。

2.让自己的家人幸福。这既是一种责任，也是一种使命。幸福的理念落地就会变成你的使命，只有见证家人幸福，我们才会更加珍惜幸福。家是幸福的港湾，家人是幸福的依靠，再辛苦也要让自己的家人幸福。看到拥有幸福的家人，相信自己也一定会感到幸福。

3. 让身边的同学和朋友幸福。幸福不是自己一个人的事情，只有身边的人都幸福了，我们才能生活在一个幸福的环境里。除了家人，在生活上与自己关系最密切的人莫过于同学和朋友了，如果平时与自己来往密切的人都能实现幸福，相信自己也一定会感到幸福。

4. 让同事和战友幸福。只有团队的幸福才是你的幸福，我们都是团队的一分子，互相尊重、互相支持和互相帮助的团队会让我们感动、成长、幸福。在工作中我们是一个共同体，如果自己团队的成员都很幸福，相信自己也一定会感到幸福。

5. 让自己所在的单位幸福。单位是一个平台，也是我们工作的家。善待平台，等于善待自己的家，我们自己的幸福才会有依靠。单位有足够的内部留存，就能实现物质幸福；单位员工相敬如宾、和谐相处、上下一心，就能实现精神幸福，你身在其中，也会感到幸福的。

6. 让自己所在的社会幸福。人类都是群居的社会人，生活在一个自由、平等、公正、法治的社会，你才有幸福可言。如果连基本的人身自由都没有，那么根本就谈不上幸福。每个人都是社会的，社会也是自己的，只有社会和谐幸福，自己才能生活在幸福的海洋中。

7. 让整个自然界都幸福。一切众生皆有佛性，静静地活着，简单地活着，幸福地活着，那是整个自然界的幸福，也是整个人类的幸福。少吃荤菜多吃素，不爱战争爱和平，自然界的一草一木都能和谐相处，人和动物都能文明和谐相处，你就是一个幸福的人。

8. 让整个宇宙都幸福。宇宙发展就是一种和谐的爱，让世界充满爱，宇宙万事万物都是带着爱去发展的意识体。邪不胜正，发展才是硬道理。任何黑暗邪恶势力都阻挡不住宇宙的发展，阻挡不住爱的发展。爱是幸福的，宇宙是幸福的，你就是一个幸福的人。

感恩是幸福的开始，幸福是一种心态，知足者常乐。利他是一艘幸福的小船，会载着你到达幸福的彼岸。幸福不仅是物质享受，更在于劳动和创造所带来的精神愉悦。

理念落地使命化就是让稻盛哲学的每一句话、每一条原理和每一项原则都能实现员工的幸福。企业存在的目的和意义就是要让全体员工实现物质和精神两方面的幸福，成功方程式、六项精进和经营十二条都是追求幸福的路径，不管我们已实现哪个层次的幸福，大家都能感受到幸福的真实存在。企业存在的价值就是要实现它的使命，每一个企业的存在都担负着强烈的社会责任感，要为社会贡献它的一份力量。

第四节　理念使命化如何炼成愿景

从企业理念这个起点出发，我们要想实现心中的梦想，达成定下的目标，就要乘风破浪、披荆斩棘、突破困境甚至历尽千辛万苦，最终才能实现一个阶段性的愿景目标。企业的每一位员工，从企业高层到基层员工，都会历经一次次的炼狱，心性得到一步步的提升。每一次成功都是不容易的，每一次进步都是要付出代价的，每一次出发都是坚定的。

企业对社会的贡献，首先就是让全体员工幸福，让顾客获得满意的优质商品；其次才是让股东们获取丰厚的投资回报，股东们自然会投资更多的项目造福社会，整个社会才能进入幸福的循环。社会资金永远都是取之于民用之于民，所有的企业都是社会的一个公器。

所以，企业存在的意义就是为世人为社会做贡献，这是每个企业的使命，内容不一样，社会意义却是一样的。在制定企业使命的时候，我们只要明确企业存在的意义和自己的社会责任，就能确定可以引起员工共鸣的使命内容，这也是全体员工共同承担的责任。

企业使命是达成企业愿景的过程中必须承担的社会责任，梦想一定能实现，责任也必须承担，两者同时进行，缺一不可。在实现梦想的过程中，经营者要承受常人难以想象的经营压力，要照顾那么多员工和他们的家人，开弓没有回头箭，企业再难也要经营下去。

让全体员工幸福是企业的使命，也是全体员工的共同使命，经营企业就要培养这种具备使命感的员工。要实现企业愿景、实现共同梦想和实现阶段性目标，就要全体员工共同努力，把企业的事情变成全体员工自己的事情，全员参与经营，一起达成愿景的目标。

成功方程式是稲盛先生提出的：人生·工作的结果 = 思维方式 × 热情 × 能力，这个等式两边哪一个最重要？

请看清楚，这是一个完整的人生事业公式：人生·工作的结果 = 思维方式 × 热情 × 能力。这四个选项中哪一个最重要？人生·工作的结果？思维方式？热情？能力？

答案是：人生·工作的结果。为什么？在成功方程式右边的三个要素当中，我们都知道"思维方式"这个要素最重要，具备正确的思维方式最重要，其次是积极主动的"工作热情"很重要，最后才是专业"能力"也必须具备，它们三者缺一不可。

以终为始，一切以结果为导向，三个要素的配置由目标决定。成功方程式（人生·工作的结果 = 思维方式 × 热情 × 能力）是一个公式，所以不管是人生还是工作的目标都是最重要的，只要制定了目标，就势必要达成。人生结果就是目标的最终呈现物，不管达成度如何，关键是一定要有目标。所以说，为实现梦想而设立的目标大小最重要，这个目标一定要具体明确，而不是喊一句口号就行。要设立可以量化的具体目标，而且要做到人人头上有指标。

目标的数字大小决定思维方式、热情和能力的配备大小，就像我们设定登山目标一样，以珠穆朗玛峰这样的大山和我们身边一些小山为目标，它们所需要配备的胆量、勇气和专业装备是完全不一样的。所以，确定人生目标排第一位，你想度过什么样的人生，就要具备什么样的人格·思维方式，以及与之相匹配的努力的热情程度。

企业愿景只是企业发展阶段性的奋斗目标，终极目标一定会回归原点。提高心性、拓展经营，实现全体员工物质和精神两方面的幸福，成为一家幸福型的企业。在确定了追求物心幸福这个目标以后，在企业发展过程中，物质幸福与精神幸福一定要两条腿走路，既要一手抓物质幸福，又要一手抓精神幸福，两手都要硬，力争实现物质与精神幸福的均衡。

物质过度就成了魔鬼，精神过度就成了神仙，我们是凡人，凡事还是适度为好。成魔成仙都不是我们的目标，做一个幸福的小凡人，以强烈的使命感去追求我们的愿景目标。思想决定目标，目标决定行动。在企业哲学宣导的过程中，物质幸福以制度的方式来固化，精神幸福以反复宣讲的方式来固化，员工幸福也要以数字的方式来固化。愿景要量化，战略要量化，计划要量化，幸福更要量化。所以，员工幸福一定要制定数字化的目标。

坚定的使命感是在追求阶段性愿景目标的过程中产生的，过程越曲折、越艰辛，使命感就越强烈。企业员工的使命感也是在事业奋斗中产生的，越挫越勇，越艰苦越强烈。

人生就是一个磨炼灵魂的修道场，不管是人格的形成、使命的诞生，还是心性的提升，处处用心都可以修炼。不管是在生活中还是工作中，时刻怀抱利他之心来做人做事，使命感就会油然而生，你的梦想和目标一定会更容易实现。

苦难是上苍赐予我们磨炼灵魂的机会，底线是每个人的生命线，是每个人的信念。只有坚守底线，站在道德的制高点，我们才能有效地抵御社会上的各种诱惑，从而积极认真地工作与生活，这是当今每一个企业与个人的最好出路。

如此一来，思想理念使命化更容易落地。当企业变成一个人人充满使命感组织的时候，还有什么目标实现不了？一旦企业打造成使命型组织，企业愿景就会自然而然地形成。既然目标的实现没有问题，那么我们一定要打造一种敢于挑战未来、敢于挑战不可能的新型企业文化。为世人、为行业甚至为社会做贡献，是我们实现愿景的过程中要承担的社会责任。

中国企业使命举例如下：

1. 口腔企业：促进口腔健康，品味幸福生活。

2. 餐饮企业：以爱待人、匠心出品，实现顾客美好的用餐体验。

3. 眼镜企业：为客户的视力健康提供专业服务。

4. 婴童企业：为每个家庭都能减轻养育孩子的负担做贡献。

理念落地使命化操作要点

1. 完成全体员工的《企业幸福指数评价表》(参考附录表格二)

2. 梳理并提炼完成《企业使命》

微信扫一扫即可获取附录

第三章

使命落地愿景化

第一节　企业愿景的彩色画像

　　企业使命可以让经营者赢得人心，培养出一帮真心追随自己的员工，这就是经营人心的结果。使命落地需要愿景化，经营者要把心中的使命转化成不同发展阶段的梦想，转化成未来的美好希望，转化成具体的奋斗目标，这是全体员工共同的愿景，这个愿景不是黑白的，而是彩色的，是一种即将会出现的彩色现实状态，是一幅指日可待的现实画像呈现。

　　只要全体员工都朝着企业愿景这个方向努力，就可以实现物心幸福。哲学看起来好像是虚的，愿景看起来已经是实的，是企业在未来的某个特定时期内一定可以实现的具体目标，那将是一个多么鼓舞人心的事实啊！可是，企业愿景的彩色画像要如何描绘？如果我问你：你现在正在从事一项什么样的事业？这个问题的答案必须用一句话来描述，那是你对自己企业愿景的具体描述。所以，明确企业从事的事业真的很重要，愿景画像要清晰。

企业哲学落到企业愿景这个层面，基本上就已经清晰可见了。愿景的实现需要全体员工怀有强烈的愿望，这种愿望是一种愿力，内心的愿力越大，愿景实现的时间越短。为了能够早日实现企业愿景，全体员工一定要心中怀抱着强烈的愿望，直到成功那一天。

根据稻盛哲学的心想事成法则，只要大家对企业愿景日思夜想，时时刻刻都在发愿努力，愿景中的具体画像很快就能在企业中形成。愿景是企业全体员工共同的一个心愿或者愿望的画像化，这种愿望场景的清晰化，可以激励员工们前赴后继，为实现梦想而努力奋斗。同一个梦想的画像是被大家所共有的，经营者一定要与全体员工实现梦想共有。

企业理念是企业哲学的起点，创业者成立企业以后，不断地向前奔跑。在奔跑的过程中，不断地实现目标，为社会做出一个又一个贡献。企业员工为什么有那么大的动力？那是因为企业理念使命化，让员工产生一种强烈的使命感，大家都愿意积极主动地站出来承担自己的责任。这种使命感的增强，也会转化成员工自动自发的一种愿力，大家愿力的大小决定着使命感的强弱，使命感和责任感两种力量相互交织、相互促进。

员工的心愿、希望和梦想逐步形成一个远景目标，那就是企业愿景。这个愿景是企业发展的阶段性目标，随着目标的不断实现，愿景就会变得更加高远。正所谓志当存高远，立志、立命和发愿比学习知识重要得多，经营者希望企业能发展成什么样的结果？

企业哲学落地理念化、企业理念落地使命化、企业使命落地愿景化，这是企业哲学落地最为关键的三个核心要素，也是企业哲学共有的思想灵魂。理念、使命和愿景在梳理提炼的时候，它们三者是一个整体，要把这三个要素串联起来组成一个完整的经营理念。

企业愿景的梳理提炼要让中高层干部参与表决，落地操作方式参考理念使命。

编制企业哲学内容终究不是一项面子工程，而是为了全体员工真的可以度过美好的人生，所以，必须构建一套员工可以时刻参照的为人处世原则。企业愿景是企业哲学由虚转实的关键一环，我们一定要把愿景描绘清楚，一定要得到大部分员工的认可，一定要让企业愿景具有振奋人心的强大力量。理念是一份初心，使命是一种责任，愿景就是一幅画像。

企业愿景的彩色画像往往是从追求物质幸福开始的，很多企业家刚开始创业的时候，不一定有远大的理想，很多人都是为了养家糊口，希望多赚点钱，让家人生活得好一点。随着企业的发展壮大，员工人数不断增多，企业家肩上的责任才越来越大。

实现了物质幸福以后，企业家们感觉精神越来越不幸福了。思想越来越复杂，压力越来越大，甚至很多企业家都曾经有结束企业的念头。可是，强烈的使命感又迫使他们继续坚守，这时候的企业愿景不仅仅是物质幸福，同时也希望可以获得精神幸福。企业愿景的画像在不断地变化着，越来越清晰，阶段性的愿景也变得越来越纯洁高尚。

第二节 《企业哲学手册》的编制

《企业哲学手册》的核心内容是企业理念、使命和愿景，当我们完成企业愿景内容之后，就要把《企业哲学手册》完整编制出来，以下就是编制《企业哲学手册》的操作方法：

第一轮选择 在企业理念、使命和愿景的基础上，参考"京瓷哲学七十八条"的内容，组织全体员工学习每一条哲学内容，并让其自行选择自己认可的内容条款，只保留被80%的员工选择的条款就可以了。对于80%的员工不认可的条款，可以暂时删除，留待日后参考。做完这一轮后，就到言出必行的践行梳理了，这个阶段一定要组织中高层干部进行深度研讨。

第二轮梳理 对于那些已经被大家认可的"京瓷哲学七十八条"内容进行个人对照反思，哪一条是自己可以做到的？连企业中高层干部都做不到的内容就不能选择为企业哲学内容，中高层干部经过认真研讨、思考并梳理后，再进行现场投票。现场只保留被60%的干部投票选择能做到的践行条款，那些第一轮曾经被 80% 的员工认可的剩余条款一律删除，等日后大部分员工能做到了再补充进去，企业哲学手册内容的梳理一定要实事求是。

第三轮提炼 企业哲学落地要从经营者开始，从高层干部到中层干部，再从中层干部到基层干部和员工，层层渗透，人人共有。对于中高层干部可以做到的稻盛哲学条款，要结合企业真实的现状，研讨哪一条是最适合当下企业落地的哲学内容。这是第三轮企业哲学内容现场的提炼，稻盛哲学所有内容都是很好的哲学内容，只有适不适合自己企业的哲学内容，而没有什么好不好的哲学内容。

中高层干部进行现场投票，只保留 50% 的干部选择的适合企业落地条款，那些暂时不适合当下企业的条款一律删除。提炼到这里，"京瓷哲学七十八条"估计只剩下一半左右的内容会被选择，企业哲学内容提炼投票到此暂告一段落，这是最适合企业当下的哲学手册内容了。企业哲学关键是践行，领导者自己能做到最重要。

第四轮补充 在对"京瓷哲学七十八条"进行三轮科学提炼的基础上，可以增加一部分适合自己企业的哲学条款，形成具有自己企业个性的《企业哲学手册》初稿。自己的企业哲学手册一旦确定下来，就要停用旧的企业文化内容。如果大部分员工认为需要保留的企业文化内容，也可以写进新版《企业哲学手册》里。真理总是相通的，稻盛哲学的内容条款如果适合自己的企业，完全有必要借鉴参考使用，可是绝对不能生搬硬套地抄袭别人的。适合别家企业的哲学内容不一定都适合自己的企业，提炼适合自己的哲学内容比争论好不好更重要。

第五轮定稿 经过中高层干部研讨四轮而做出来的《企业哲学手册》初稿，可以再组织一个三人左右的《企业哲学手册》编制小组梳理文字，进行通俗化与口语化语言的整理确认。哲学手册编制小组成员要到现场组织全体员工讨论哲学初稿，有不同意见和看法的内容可以先记录下来，再回到总部组织中高层干部开会研讨修订。不管是谁提出来的哲学手册修改，只要企业大部分员工同意，都是可以进行修改的。大概经过一个月的上下讨论以后，基本上就可以确定《企业哲学手册》第一稿的落地内容了。最后经过哲学手册编制小组严格审核，精心排版设计，最终由企业董事长确定的《企业哲学手册》版本就可以安排印刷了。

《企业哲学手册》内容需要全体员工真实践行，并不断地优化升级，第二年还需要对《企业哲学手册》进行版本升级。为了不造成大量的浪费，哲学手册印制的数量不要太多，根据员工预定总人数的105%印制就行。到第三年手册基本定版以后，修改的地方不多了，才建议多印制一点当作损耗。企业哲学手册也叫巴掌哲学，也就是说这本小册子的尺寸不要太大，就像一个普通人的巴掌大小就可以，这个尺寸比较方便员工在工作中使用。

　　《企业哲学手册》是企业的灵魂，也是每一位员工的思想灵魂，要求所有员工一定要对哲学手册小心保管，一旦遗失补发要求写检讨认错，在工作生活中时刻可以拿出来对照使用。为了保障稻盛哲学可以更好落地，《企业哲学手册》发放给员工以后，第二个月就可以进行哲学考核了。前面做了很多哲学落地的准备工作，哲学正式落地要从哲学考核开始。

　　考核主要是运用《言出必行承诺表》，认真对照《企业哲学手册》，每位员工每个月都要选择一条哲学内容，作为自己本月的哲学践行内容，目的就是让大家做到言出必行，提高心性、拓展经营，敬天爱人、知行合一。从哲学、业绩和能力三个维度进行自我承诺，设定好达成的量化标准，每天对照自己的承诺做事，一个月以后进行考核评价，员工不知不觉就会有很大进步。《企业哲学手册》是企业的"圣经"，每位员工拿到手上都要虔诚恭敬，上班时间要求全体员工都要随身携带哲学手册，带着手册就等于带着灵魂来上班。

　　《言出必行承诺表》的考核很重要，是稻盛哲学落地的一个关键环节。《企业哲学手册》的内容如何践行呢？员工是不会自动自觉践行的，所以哲学落地要从哲学考核入手：

　　1.参考《企业哲学手册》的每一条内容，由员工自己挑选并确定每个月要践行的目标，自己要在哪方面提高心性。确定自己本月要践行的哲学目标内容以后，必须给自己设定几个量化的标准，根据标准如何评价践行结果，如何给结果进行打分，内容一律由员工自己制定。因为是言出必行承诺，要求自己说到就要做到，所以一个月后看践行的结果很重要。

2. 企业哲学也是为经营创造利润服务的，员工哲学践行少不了在业绩上所做出的努力，不管是直接贡献还是间接贡献，都要明确自己一个月的努力目标内容，定性或者定量的业绩贡献目标都可以，提升销售额、降低经营费用和提升工作效率等努力改善方向也可以。一旦确定努力内容以后，就要给自己设定几个量化的标准，便于月底进行打分评价。

3. 最后一个承诺指标就是自己专业技能的提升，依据成功方程式的内容所示，员工的能力也是取得成功的一个重要指标。不管是通用能力还是专业能力，每个岗位都有一定的要求。提升自己哪一项能力都能为创造经营利润做贡献，所以设立自己的技能提升目标，保证做到言出必行，对企业对自己都是有利无害的。当然这些提升目标也需要设定考核标准，月底考核。

《言出必行承诺表》原则上是由员工自己设定的指标，践行结果也属于自我考核的分数，所以整个过程需要直属上司的指导监督，而不是员工胡乱填写，基本内容全部要符合标准。《企业哲学手册》的内容、业绩目标和技能目标的评价占比分别是多少呢？三个占比加起来是百分之百，根据每个月践行的重要性先设定好百分比，这样方便评分，最后的总分就是去掉百分比以后的分数。这个分数可以作为个人考评的哲学分数，考核不过关的内容允许次月再考。

第三节　企业愿景的实践意义

企业哲学落地理念化、企业理念落地使命化、企业使命落地愿景化，这不仅是文字版的落地，还需要在各种经营会议前庄严诵读的现场落地。让全体员工做到内化于心、固化于制、外化于行，在企业内甚至还要物化于境，让大家认真践行企业哲学的内容。

内化于心是指把企业理念、使命和愿景这些核心哲学内容烂熟于心，掌握这三个要素的正确解读方式，知道如何去践行落地，将企业理念、使命和愿景渗透到全身的每一个细胞，直到灵魂深处；固化于制就是把哲学三要素写进制度，用制度去约束员工的行为；外化于行是指哲学三要素一定要通过员工的言谈举止来体现，坚持言出必行、说到做到；物化于境就是把哲学三要素进行物质化与氛围化，打造跟哲学三要素一致的工作环境和氛围。

稻盛哲学落地除了每个月的哲学考评，推动员工提高心性，还要每个月召开哲学研讨会和空巴恳谈会，进行各个层级的哲学渗透，实现全员哲学共有。每次业绩分析会之后也可以举办哲学表彰会，对于哲学践行比较优秀的员工要进行荣誉表彰。哲学只有在工作和生活中践行才有价值，践行之后需要反省，反省之后还要思考，直到自己有所领悟，再去进行新的实践，循环不止。哲学只有不断实践才能激发人的潜能和善意，打造一个利他团队。

企业哲学落地到企业愿景，一定要让全体员工都能共享同样的目标、同样的感情、同样的价值观，甚至将愿景制作成企业之歌进行梦想的传唱。天上不会掉馅饼，努力奋斗才能梦想成真，每位员工都是追梦人，大家一起努力奔跑。放飞梦想，追逐梦想，实现梦想！

愿景不是画饼，愿景是必须实现的目标，不管内容如何描述，一旦认可就要全力以赴，不达目标誓不罢休。企业愿景是给企业未来导航的一座灯塔，要尽可能把企业愿景描绘清晰，让它光芒四射，照耀着企业发展前进的道路。

企业平台不仅是利益平台，还是全体员工共同奋斗的事业平台，更是全体员工实现梦想的幸福平台。危机可以发现人才，愿景可以吸引人才，价值观还可以留住人才。

企业愿景的实践意义还在于它的真实性，因为愿景是真实的，所以才能实践。或许企业愿景只在远处的星空闪烁，最起码我们的心里都能"看得见"。实现愿景需要一步一个脚印、脚踏实地去践行，我们每个人内心都坚信愿景一定可以实现，都愿意为梦想付出不亚于任何人的努力。由企业全体员工一起提炼出来的愿景就有这种相信的力量，因为梦想是大家共同的梦想，大家都相信梦想一定可以实现，员工这样实践才会有大义的名分。

愿景是对企业未来的一种理想状态描述，正所谓心不唤物则物不至，当我们时刻都能够从本质上思考事物应该有的理想状态时，这种理想状态就会一步步出现，呈现得越来越清晰，直到实现愿景为止。我们对企业愿景始终都保持着强烈的愿望，心中始终都想着一定会实现，一定会实现，努力、努力、再努力，结果就会顺利到来。

本质上企业愿景就是全体员工共同奋斗的目标，大家希望把企业做成一个什么样的企业？这个梦想和希望会让员工始终保持乐观向上的积极态度，以利他之心坦诚处事，事业的成功水到渠成、自然而然，这是企业愿景的实践意义。

使命落地愿景化也是企业愿景的重要实践意义，强烈的使命感是一种优秀的企业品格。达成经营目标的企业很多，愿意主动承担社会责任的企业就不多了。为什么呢？还不是利润最大化吗？为了挣更多的钱，不惜违规操作、偷税漏税和钻法律空子，哪里还有心思去思考社会责任的问题呢？

所以，企业在追求经营利润最大化的同时，要实现社会责任最大化，要对我们这个社会承担责任，这才是企业对社会做出的贡献，更是作为一个企业的历史使命。

人最怕的不是病痛、衰老和死亡，而是失去未来、希望和梦想。调动员工的积极性不能只靠福利、假期和钞票，而要为员工提供一个具有大义名分的事业未来、一个充满挑战性质的前途和一个一定可以实现的美丽梦想。

任何辛苦的工作中都包含着崇高的意义，而且都可以展开无限美好的梦想。企业经营者一定要把这份崇高的工作意义阐述出来，并运用"彩色"的画笔来描绘这个梦想。

这就是企业愿景，高尚尊贵的企业愿景可以调动员工的工作积极性，引导员工走上正确的人生道路，让他们看清楚企业的前进方向和奋斗目标，激发他们从不同的方向做出努力。愿景的力量是无穷的，它还可以激发员工强烈的使命感。

中国企业愿景举例如下：

1. 口腔企业：做口腔行业最具幸福感的企业。

2. 餐饮企业：成为持续高收益的餐饮企业。

3. 眼镜企业：树百年视光企业。

4. 婴童企业：成为对世界贡献最大的婴童企业。

企业理念、使命和愿景也可以连成一句话，作为企业完整的经营理念，例如某医疗企业的经营理念为：为客户创造价值，实现员工幸福，推动行业发展，打造百亿企业，成为医疗行业最优秀的运营商！

使命落地愿景化操作要点

1. 梳理并提炼完成《企业愿景》

2. 制定企业个性化《哲学手册》

3. 员工填写《言出必行承诺表》(参考附录表格三)

微信扫一扫即可获取附录

第四章

愿景落地战略化

第一节　解读愿景落地战略化

　　愿景是愿望的目标场景，也是实现周期比较长的一个目标场景。就像天上的星星闪烁不停，如何才能让这些星星降临人间一样，任何人要想让愿景落地，就需要在仰望星空的同时，脚踏实地走好每一步，否则我们就会掉进愿景这个遥不可及的美丽陷阱，一辈子不可自拔。愿景是美好的，现实是残酷的。你想让愿景落地吗？那么如何进行愿景落地的实际操作呢？

　　对理念、使命和愿景进行正确的哲学解读很重要，正确解读愿景就像天上的一道彩虹，可以无缝连接到企业经营的具体内容。愿景落地战略化，就是要把企业愿景解读转化成具体战略举措。如何实现愿景落地的实际操作呢？就是要通过战略落地来实现企业愿景。

　　企业总是朝着它的经营目标持续性运营，所以企业经营战略总是面对着两种人：对内是员工，对外是顾客。满足这两种人的需求是企业经营战略的本源，也可以称为所有经营战略制定的原点。所有企业都是从战略原点出发来解决问题并成长发展的，如果违背了这个战略原点，企业就不可能得到持续的成长和发展。

企业经营本质上是要创造高利润的，为了能够创造高利润，在经营战略的制定上要时刻关注顾客和员工。企业经营利润一方面通过顾客外求于市场，另一方面通过员工内求于经营管理。在销售额最大化的同时，实施费用最小化，才能实现利润最大化的落地。

落地就是要把虚的变成实的，愿景只是虚幻的自由画像。不管是黑白的画像还是彩色的画像，终究还不是员工们可以实实在在把握的东西。愿景战略化以后，远处虚无缥缈的东西逐渐走近身边，变成了员工看得见摸得着，必须日夜面对的每日预定计划。一转眼，一天的预定就变成了现实，做得好还是不好，经营数字说明一切。

愿景落地必须战略化，把愿景分解为中长期战略和短期战略，甚至分解为年度经营计划、月度经营计划和每日经营计划，这样的愿景才能真正接地气，才能转化成我们每天实实在在的工作和生活行为，这样的哲学才称得上是人间哲学。愿景落地战略化是愿景的落地路径，再高大上的思想，如果没有落地路径，那也是中看不中用的海市蜃楼。

愿景落地战略化解读就是工作现场的真实场景解读，不管是近期的愿景目标，还是远期的愿景目标，都需要进入真实的工作现场，再经过沙盘或者模拟实战场景进行最逼真的解读。接着就会进入企业战略资源与市场需求的模拟匹配组合：企业现有资源要看市场需不需要，市场需要的商品要看企业有没有能力提供。如果暂时提供不了，有没有可能研发生产出来？社会上哪些资源可以为我所用？以终为始，以结果为导向，企业要如何发展才能适应社会的发展需求？这就是企业经营的战略规划，提前做好发展的布局，最终实现愿景落地。

第二节　制定战略的天龙八部

愿景落地战略化，确实要围绕着企业经营战略原点来展开各项战略的制定，关键是战略如何才能制定好？我们要搞清楚企业愿景这个梦想的本质是什么，企业领导者希望把企业带到一个什么样的目的地，这个目的地在哪里。这就要领导者对企业愿景进行正确的解读。有了共同的梦想，企业就有了远景目标，有了目标就有了奋斗的方向。

确定了企业奋斗的方向，再对愿景目标进行量化，然后细化成不同阶段的战略目标，这些战略目标还可以具体落实到每天的经营计划中，愿景就可以逐步实施落地了。

首先，我们要搞清楚当下企业所处的位置在哪里。其次，企业的经营现状如何。企业的出发点清晰了，有了企业梦想的远景目标，那么接下来经营者就必须开始构思：自己要怎样才能实现目标？从当下企业位置走向愿景目的地，实现梦想的方法路径在哪里？

愿景落地战略化，就是要对企业愿景进行战略规划，未来一年到三年如何如何，三年到八年如何如何，八年到二十年又如何如何等。每一个战略年份的转折点都要有清晰的战略解码以及战略举措，规划好承接战略落地的职能部门，具备尽可能清晰的战略执行要点以及团队需要具备的战略能力，再未雨绸缪地为企业提前规划好人才培养战略。

有人才就有一切，有战略才有未来。世界是动态的，市场是动态的，战略也是动态的，每年甚至每个月都需要进行战略滚动调整，每个月业绩分析会找到现实经营与预定计划之间的差距来调整。这就是企业制定经营战略的"天龙八部（步）"，经过对这八个步骤进行常态化的调整操作，企业经营战略就会越来越接近愿景，企业经营状态就会越来越健康。

制定企业经营战略完全可以按照"天龙八部"的八个步骤来自行研讨并操作：

第一步是要梳理企业当下的战略定位。

战略是一种选择，企业是选择定位做行业上游、中游还是下游市场？企业是选择定位做市场的高端、中端还是低端顾客？企业的顾客定位是老年、青年还是少年人群？这些都是一种战略选择，一旦企业定位确定，就要义无反顾地全力以赴去捕获顾客心智。战略定位决定企业运营，这是战略规划的核心。

做战略定位之前，还要进一步明确企业经营的战略意图是什么。有时候短期来看不一定非要盈利不可，短期的战略亏损也是战略布局的其中一环。商业战争不需要过度执着于一时一刻、一城一池的得失，关键是能否符合企业理念、使命和愿景的需要，未来一段时间企业究竟想要什么，看远一点，战略是否有利于实现企业愿景。

不要高估自己一年能达到的高度，也不要低估自己十年能达到的高度。战略高度能决定企业高度，企业高度决定人才高度，甚至决定战略布局。

第二步是要梳理企业真正的核心竞争力。

进行市场需求与企业自身战略资源的最佳匹配，从中找出企业与战略目标之间的差距，最终要达成运筹帷幄决胜千里的战略。企业就是基于全体员工具备统一的经营理念，把人、资本和技术（包括商品技术、营销技术和管理技术）有机地结合起来的活动实体。

企业的核心竞争力究竟是人才、资本还是技术？为了最大限度地满足顾客的需求，企业一直在为顾客提供哪些产品和服务？顾客的满意度如何？一旦确定企业的核心竞争力要素，就要把这个战略系统的先后次序梳理出来，并进一步提升和强化。核心竞争力追求强者愈强，甚至是行业的唯一，如果能让同行们望尘莫及，这样的企业就能在市场一骑绝尘。企业核心竞争力是生产力也是生命力，明确企业核心竞争力，有利于制定合适的经营战略。

第三步是要确定企业当下所占据的市场。

企业处于市场生命周期的哪个时期？是成长期、崩溃期、成熟期还是衰退期？市场前景又如何？当下是蓝海市场，还是红海市场？如何开辟更多创新的蓝海市场？

不同的市场现状需要设置不同的市场战略，真正的英雄才会有用武之地。

企业原有的市场不要轻言放弃，要想方设法深耕细作，并寻求逐步扩大市场份额的机会。寻找适当时机，一定要抓住关联市场的发展机会，逐步实施多元化战略。

如果暂时还没有好的发展机会，也切忌操之过急，一步一个脚印地走，一城一寨地攻，稳扎稳打，步步为营，不断进行改良改善型的零敲碎打，通过改革创新逐步充实市场缝隙，选择更好的发展机会。每天都做容易的事情，你的事业就会越做越难；每天都做困难的事情，你的事业反而会越做越顺。掌握真实的市场现状，再选择适合自己企业的战略举措。

第四步是要追求企业成长与发展的协调战略。

不管运用什么经营战略，都要立足当下、关注未来。战略是为愿景服务的，再好的战略也不能脱离愿景，而要紧密围绕着愿景来展开经营战略的制定。战略是一种选择，也是一种取舍。有得必有失，不要患得患失，我们要带着问题前行。战略需要高瞻远瞩，更需要强调重大。所以制定企业经营战略就需要抓大放小，有时候还需要以快打慢，各种战略协调发展，具体问题还是需要具体分析：要多大？要多小？要多快？要多慢？

愿景落地战略化，需要很多企业经营现场、现物等现实情况的配合，还要时刻回归原点。不忘初心，牢记使命，砥砺前行，才能追求幸福的美好人生。企业健康成长与发展超前布局总会存在某些矛盾，不同阶段孰轻孰重？懂得协调两者之间的关系也是重要的战略。

第五步是要提前关注以下六个战略配套问题，这也是战略执行需要解决的问题。

所以，制定各项战略的同时，必须先准备好解决这些问题的详细方案：

1. 企业如何应对市场变化？有没有制定相关的市场应急预案？不管好不好，起码要有。

2. 企业如何满足顾客需求？关键是企业内部清不清楚顾客需求，再提出相关解决方案。

3. 企业如何发展核心业务？核心业务是企业发展的命根，一定要深耕细作、做强做大。

4. 企业如何应对竞争对手？根据丛林法则，弱肉强食，狭路相逢勇者胜，要积极应对。

5. 企业如何管理职能部门？战略落地需要职能部门支撑，打造强大的职能部门很重要。

6. 企业如何实现战略目标？战略目标是要实现而不是为了

好看，实施方法路径要清晰。

企业经营战略的成败往往都是由上面六个问题的执行细节决定的，正所谓细节决定成败。市场发展具有强烈的不确定性，做好各种准备和应急预案对保证战略落地至关重要。

第六步是要明确制定企业经营战略的目的和意义。

战略就是为了实现愿景，战略也是商业战争的一种谋略，正确的经营战略完全可以指导企业的经营管理，形成一定周期的方针政策。稻盛经营学的经营战略有别于普通的市场战略，它能够把对战争全局的指导规律恰当地运用到企业经营管理当中，而这种战略是以利他哲学为基础的，追求商业的真善美，追求与合作方的互利共赢。

稻盛先生在 1962 年夏天就开始推行京瓷海外战略，在 1966 年 5 月就任京瓷社长以后推行阿米巴经营战略，在 1970 年开发再结晶宝石成功以后推行多元化战略，而在 1989 年成功收购美国 AVX 公司以后正式推行京瓷集团全球化战略……稻盛先生的每一次战略布局和战略执行都像是打赢了一场漂亮的攻坚战，一步一步地领导京瓷集团走向新辉煌。

商场与战场不一样，我们要追求与竞争对手的双赢，而不是你死我活地拼刺刀。

第七步是要把愿景落地战略化分为两个维度实施。

一个是落地时间战略化维度，短期来说，企业要聚焦集中到利润目标战略，有利润才能保证企业生存，生存排第一位，活下去是最重要的；中期来说，企业要寻求持续性发展战略，发展就是硬道理，寻求企业的稳健性和持续性发展；长期来说，企业要回归成为社会的公器：一个为社会提供服务的机构、一个为社会创造价值的机构、一个公众化运营的机构。

另一个是落地空间战略化维度，从产品、品牌、区域、技术、市场和渠道等各个方面落地，逐步形成企业单一化、多样化或者多元化战略。不同发展阶段的企业有着不同的事业结构，自然就会衍生出不同的产品组合，以适应企业的成长和发展，形成相应的经营战略。一般企业都是从单一化经营开始，经过多样化的发展，逐步形成多元化的成熟战略的。

关于战略的几个定义还是要解释一下，企业可以结合自己的实际情况进行选择。

1. 短期战略是指企业 1～3 年利润目标和利润率以及销售目标和市场占有率的方针政策。

2. 中期战略是指企业 3～8 年的经营目标、发展规划和实施步骤。

3. 长期战略是指企业 8 年甚至更长时期的经营目标、发展思路和实现途径。

4. 单一化战略是指企业经营聚焦 1 种产品、1 个品牌或者 1 个区域的单一化经营策略。

5. 多样化战略是指企业经营同类 2 种以上单向或者多向领域扩展的产品和服务。

6. 多元化战略是指企业同时经营 2 种以上基本经济用途完全不同的产品和服务。

企业究竟应该选择哪一种适合自己的战略进行落地？要认真梳理自己企业的战略系统，在不同发展阶段选择不同的发展战略，要不同程度地实现不同发展阶段的企业愿景。

第八步是要把企业战略系统分解为七个板块落地。

一旦确定了主要战略，企业在不同发展阶段，就需要七个辅助战略板块围绕着企业经营主战略展开行动，其中的各项细则一定要逐项落实到位，必须保证主战略的达成。前面七个步骤是制定企业主战略的，下面七个板块是辅助战略。

战略达成不是制定了企业经营战略就一定能达成的，正所谓谋事在人成事在天，再好的战略也需要天时、地利与人和的配合。主战略只是一个方向或者一种选择而已，辅助战略的细节执行到位才能保证主战略落地，所以，企业经营者对辅助战略也不能掉以轻心。

1. 商品开发战略（产品战略） 通过对顾客或消费者的市场定位来确定自己企业的市场占有率风向标，是走独家垄断型、铺货跑量型，还是走稳健利润型的商品开发路线？

要开发未来畅销商品，首先就要分析了解当下这个阶段的企业商品结构，包括在销商品、库存产品和订单产品的品类结构，尽可能了解各种品类的比例分布情况。

其次是选择用加法还是用减法聚焦商品开发。哪些是企业的核心产品系列？哪些是企业的辅助产品系列？哪些是企业的跑量产品系列？哪些是企业的利润产品系列？哪些是企业的垄断产品系列？要回答这些问题，一定要经过企业中高层干部的研讨。

企业中高层干部经过一番战略研讨之后，逐一确定各项产品战略指标，再确定商品开发的战略指标数据。战略选择需要正确取舍，选择哪些商品？放弃哪些商品？聚焦哪些商品？最后才能确定商品结构。每个月都要根据市场反馈适时地调整商品开发战略。

2.品牌推广战略　企业品牌需要对外推广，就要先确定自己的企业究竟是与同行进行横向竞争，还是在产业链内作纵向竞争。横向竞争与纵向竞争需要的品牌推广战略不一样，市场制高点也不一样。企业品牌要推广，就要具备品牌元素、品牌内涵和品牌个性主张。

品牌推广方式是选择立体传播还是单向传播？这里涉及品牌受众和推广费用的问题，一定要看菜吃饭，关注推广效果，随时调整传播方式。好的传播题材可以先进行预热宣传，再转换媒体阵地进行同步报道，然后再进行二次传播。

几次三番下来，只需要半年到一年时间就能形成一定的品牌沉淀。如果推广预算允许，传统媒体投放和网络推广还可以同步进行，这样在消费者心目中就很容易形成品牌忠诚度。品牌推广战略是一项长期辅助战略，一定要持续不断。

3. 财务融资战略　谈到战略落地，一定绕不开谈战略费用的问题。虽然金钱不是万能的，没钱却是万万不能的。没有足够的钱，缺少资本，空谈梦想是行不通的。愿景落地战略化，财务融资战略是其他战略落地的基本保障，而且还能决定企业主战略落地的成败。

财务部门本质上就是企业的理财增值保值职能部门，企业缺钱，财务部就要去融资找钱；企业有钱，财务部就要去投资理财，现金流是生存发展的命根子，有钱没钱都是财务部门需要操心的事情。现在是社会资本化时代，融资已经是企业必须干的常规工作。

企业实施资本多元化还是资产多元化战略，那要看企业自己持有的现金资产究竟有多少。财务融资是企业的长期发展战略，为了企业的长治久安，企业一定要有条不紊地建立自己的信用体系，争取获得银行给企业较大金额的授信，这是贷款融资的敲门砖。

抵押融资是最低级别的，信用融资比较高级别，最好是累积到一定等级的银行授信融资，这样的融资成本比较低，不管是长中短期融资、不同融资渠道的多元化融资、相同渠道不同机构的多样化融资，还是对外或者对内的单一化融资，都可以解决企业发展的资金需求问题。有了充足资金保障，有了稳健的财务融资战略，其他战略就可以大刀阔斧地推进了。

4. 人才培养战略　企业不管有多少员工，只要把他们放到合适的位置，每一位员工都是人才。他们都属于哪种类型的人才呢？他们被分别放到哪个位置比较合适？我们一般把企业人才分为经营人才、管理人才和作业人才，他们在企业中占比分别是多少？如何对他们进行战略培养？是内部培养还是外部培养？是长期专门培养还是短期储备培养？这是一个人才培养战略问题，二十一世纪就是一个人才定成败的时代，人才必须靠自己来培养。

阿米巴经营体系就是一个人才培养体系，阿米巴长属于具备经营者意识的经营人才，人人都是经营者，可以把每一个员工都当成阿米巴长来培养；科目管理负责人属于管理人才，他们都要对属于自己管理的科目数据负责任，管理不是控制别人，而是自我管理、自我负责，把利润管理好，把数据管理好；一线操作员工属于作业人才，其中个别作业人才还要培养成工匠专才，他们都是为企业直接创造利润的大功臣。愿景落地战略化就是要把企业愿景落到组织，再落到员工个人的身上。企业有了大量人才一起努力，梦想就一定可以实现。

在人才培养方面，阿米巴经营体系是根据成功方程式的思维方式、热情和能力三个维度进行人才培养的。培养员工正确的思维方式需要结合企业哲学的学习、研讨和践行，而哲学的授课一定要由企业高层干部来主导，再结合言出必行承诺来培养正确的思维方式。

拥有正确的思维方式，再明确事业的目的和意义，就可以点燃员工的激情；爱岗敬业，就可以培养员工的工作热情。员工的各项能力需要通过专业技能训练来提升，通过专业训练来培养人才。阿米巴经营会计是人才培养的好工具，这些训练要结合核算表来进行。

5. 效能创新战略　除了创新，没有什么战略是最有效的。降能增效，就要以最少的资源来换取最大的效益，除了创新，估计也没有什么更好的方法了。创新需要提升到战略的高度来思考。项目流程可以创新，工艺流程可以创新，生产技术可以创新，营销技术可以创新，内部管理可以创新，外部管理也可以创新，还有什么是无法创新的呢？

只要你建立了创新的思维，就没有什么不可以创新。通过改良创新可以提升工作效率，也可以降低能耗；通过搭建创新平台，制定创新机制，鼓励创新行为，相信企业的全体员工都有创新能力。只要每天进步一点点，聚焦某个点进行持续创新，就敢教日月换新天。创新要靠日积月累，请相信员工自己有能力创新，企业领导者只需要给予鼓励就行。

6. 市场营销战略　只要有人聚居的地方就有市场，只是这个市场是否适合你的企业而已。经营企业是以市场为导向，还是以产品为导向，要看企业的市场营销战略。以前是酒香不怕巷子深，现在是酒香还要靠吆喝。可见，市场营销战略的前瞻性已经可以决定事业的成败，经营企业一定要制定出一套可以做到市场占有率第一或者行业利润率第一的市场营销战略。我们如何制定一套适合自己企业的市场营销战略呢？不要抄袭别人，适合自己就好。

首先，要确定未来某段时期的市场营销方向，是选择市场占有为主还是提高利润为主。这是必须选择的命题，熊掌和鱼不可兼得，只有确定了企业的市场营销方向，企业才能制定合理的营销目标。确定营销战略目标以后，就可以考虑推出一波又一波的促销策略了。促销可以快速拉升销售额，但长期促销却会导致消费者审美疲劳，所以必须不断更换促销主题，推出更多可以让消费者眼前一亮的促销价格、礼包或者套装，要做到持续拉升业绩。

市场营销战略一直以来都推崇渠道为王，控制的营销渠道越多，产品展示与营销机会就越多。当然，占领营销渠道是需要付出庞大的战略费用的，而且需要长年累月的苦心经营。不管是实体渠道还是互联网渠道，都要找到自己企业品牌的准确定位，还要找到自己品牌与竞争对手的差异，从而选择不一样的渠道进行有效营销。营销渠道既要讲求数量，也要讲求质量，好的渠道大家都在争夺，所以经营者一定要有前瞻性的战略眼光，该出手时就出手。

任何市场和营销都是在卖产品，有人卖服务、卖文化、卖思想……归根到底也是卖产品，因为顾客最终使用的还是企业提供的产品。市场营销战略追求的是长期为市场提供优质、物美价廉的产品，这就需要找到自己企业产品与市场竞争对手产品的差异化，或者是自己与别人不一样的卖点。我们的产品有什么好？顾客为什么一定要选择我们的产品？我们一定要给顾客购买自己企业产品的充分理由，这就是产品营销的差异化，产品卖点是基础。

为了达成市场营销战略还需要提前制定好激励机制，卖得好跟卖得不好有什么不一样？不管是团队还是个人，不管是精神激励还是物质激励，企业还是需要提前设定好激励机制。员工的努力得到企业的认可和肯定，大家一定会越来越有干劲。

7. 固定投资战略　企业要赚钱就要先花钱，舍不得孩子套不着狼，舍不得投资赚不到钱，这也是投资定律。钱一定不是从天上掉下来的，而是企业全体员工额头流汗、辛勤工作赚来的。经营者要懂得赚钱，更要懂得花钱，那就是对固定资产的战略投资。投资到产业链上中下游，还是提前布局企业供应链？如果没有预算大手笔的投资，总需要对企业内部各个职能部门的价值链进行战略规划、战略布局吧？花钱是一种能力，会花钱是懂得花小钱办大事。

能做出企业中长期战略规划，自然就会制定中长期战略预算，这就是战略费用的来源。投资有风险，理财须谨慎。财务部门除了筹融资，还要筹划战略投资进行资金最大化运用。想投资钱又不够，怎么办？为了企业的长治久安，为了企业的基业长青，经营者与财务部门员工需要想方设法去筹融资。在晴天的时候就要买好雨伞，不要等到下雨的时候再去准备。所以，企业也要在经营顺畅的时候筹融资，等到经营困难的时候就很难筹融到资金。

企业拥有充足的现金流，才能保证企业拥有健康运行的经营体质。所以，在进行每一个项目投资的时候，一定要提前做好项目的可行性分析，寻求合理的投资回报率，保证每一项投资的成功回收。一旦确定要正式投资，就要理性地控制好企业现金的投资比例，务必要在不影响企业正常运转的前提下，再按照投资计划调动资金进行投资。

因为是长期战略投资，所以预算资金要分阶段投入项目，要随时做好追加投资的准备。在投资项目产生盈利前，绝不能影响主营业务的运转。哪怕是购买设备、扩建厂房这样的固定投资，也要控制好投资风险，保证企业要有充足的现金流运转。

为更好地防范财务投资风险，企业内部一定要做好财务资金规划，只选择企业有能力承担风险的项目去投资，绝对不能拿企业安全去做项目投资的对赌。所以，选择合适的时机做投资很重要，正常经营活动的资金是投资的底线，绝对不能动用。一般企业只会动用战略储备金、投资准备金或者外部筹融资进行外部投资，而且启动资金通常不能超过 60% 的可用投资款，确保投资后期的追投资金，以进一步保证投资项目的成功。

企业处在生存期就不适宜做外部固定投资，只有在企业成长期或者成熟发展期才可以。所以，固定投资战略不一定都适合每个企业，经营战略不一样，辅助战略也可以不一样，一定要实事求是地做出选择，制定出比较符合企业经营现状的战略。

第三节　愿景战略化的转折性

愿景落地战略化让企业哲学逐步由虚转实，所以企业经营战略的梳理、提炼和制定需要多花一点时间，中高层干部需要多开会研讨。要找到适合自己企业的主要经营战略，再确定七个辅助性的战略板块，形成一个立体的战略体系，保证企业的稳健发展。不管什么类型的企业，经营战略都很重要，因为经营战略可以为企业未来的发展指明方向。

企业制定所有战略方针政策都要符合企业理念，这是企业经营的原点。随着各项战略的逐步细化，愿景也就逐渐浮出水面，梦想变得越来越清晰，企业哲学变得越来越生活化、血肉化了。战略落地还需要转变成经营计划，经营计划只有经过考核才能真正落地。

每个企业制订年度经营计划的时间不一样，可是经营战略调整的时间都一样的，都是在制订年度经营计划前的一个月完成整体经营战略的调整。年度经营计划是经营战略的一部分，是战略到战术的转化方式。在企业经营战略方针政策的指导下，各个部门要分别制订自己的年度经营计划，然后进行计划数据的层层合并，最后汇总成公司的年度经营计划。

小微企业制订年度经营计划至少需要一个月时间，大中型企业则约需要三到六个月时间才能制订好。可以说年度经营计划是战略达成的必要条件，各个部门一定要重视。

稻盛经营学落地的转折点就在愿景战略化，把愿景目标分解为战略目标，企业愿景就能由虚转实。战略执行要运用什么商业模式？不同的商业模式会有不一样的战略执行效果，在进行战略思考、战略规划、战略解码和战略实施的基础上，我们必须提前思考战略执行的商业模式，这是一个如何解决战略驱动的哲学问题。

我们企业究竟是选择利己的商业模式还是利他的商业模式？这个选择决定了战略执行的结果，因为思维方式决定经营方向。企业以不同的商业模式实施经营战略会有不同的经营结果，商业模式终究还是离不开企业哲学的驱动。

第四节　实现愿景的商业模式

商业的本质是交换，商业交换的最高境界就是爱的等价交换，企业商业模式的竞争核心在于交换率的数字大小。企业有爱吗？员工有爱吗？顾客有爱吗？社会有爱吗？这些爱等价交换了吗？交换频率是多少？等价交换的关键在于如何判断等价。

阿米巴商业模式是指企业能够提供消费者不得不购买的产品或者服务，能够最大限度地满足顾客的刚性需求，而且不容易被别人复制的一种高收益盈利模式。

阿米巴商业模式是指一种基于爱的等价交换，是一种利他的商业模式。一切都从用户的利益和角度出发思考问题，所有商业行为都立足于至诚至爱的利他之心。

一个企业的哲学是利他的，那么企业经营的商业模式也一定是利他的。利他商业模式比自我中心模式、产品服务模式、激发物欲模式和平台生活模式等商业模式层次都要高，是一种带着爱去经营的商业模式，甚至可以说是一种充满慈悲之心的商业模式。

君子爱财取之有道，经营企业是要创造高利润的，利他商业模式就是一种既光明正大经营又赚取高利润的经营模式。利他的愿景需要利他商业模式，彼此相辅相成。

阿米巴商业模式就是一种利他的经营模式，它的核心价值观是利他，它是如何盈利的呢？利润等于收入减去费用，既然利润是利他的结果，那么收入和费用也是要利他的。企业收入是通过提供可以满足顾客需求的产品和服务而获取的，这个结果是利他的，这个提供产品和服务的过程也是要利他的，所以，需要那些提供产品和服务给顾客的员工务必带着爱去工作，通过贴心的产品和服务把爱传递给顾客和社会，这些产品和服务就有了爱。

为了子孙后代，为了自然环保，为了大爱的利他，在提供产品和服务的同时控制好费用，坚决杜绝浪费，提倡绿色环保。利他之心催生利他产品和服务，利他之心催生利他行为和结果；利他商业模式催生利他商业文明，利他商业模式催生利他和谐社会。

创造高利润的利他商业模式需要战略、人才、资本、产品和管理支持，愿景落地战略化将愿景通过利他商业模式落地到战略，战略变成了商业模式的支撑。

企业愿景决定经营战略，通过利他商业模式可以实现经营战略软着陆。

商业模式的实施需要专业人才的支持，缺乏懂商业模式的专业人才，设计得再好的商业模式也无法展开。另外就是需要资本的支持，在当今的资本社会，真的是没钱寸步难行，商业模式设计一定需要企业投入资本进行全方位的支持。

最后，就是需要产品的支持了，所有的商业模式都需要产品的支持，有了利他的好产品，愿景落地就更加事半功倍。如果"人财物"具备，再加上可以驱动他们的后勤管理，用后勤管理对人才、资本、产品进行协调、安排和监控，商业模式就可以实现完美落地。

利他商业模式的设计操作有免费、让利和叠利模式三大类，不同企业的商业模式设计是不一样的。不过，既然选择了利他商业模式，大家的设计动机都是为顾客提供真诚利他服务。阿米巴商业模式终究是一种高收益的利他盈利模式，所以，后续盈利设计更重要。

1. 免费模式　这种商业模式的设计主要是前期为客户提供免费服务，后续盈利点再根据客户流量来设计。主要以互联网企业为主，这也是基于互联网大数据的分析判断。蓝海市场一贯都具有强烈的不确定性，免费模式的大数据就是一种市场测试和创新营销，一旦圈定了精准用户群，那将是一大片无人区的蓝海市场。

免费商业模式虽然属于自利利他，不过还是需要产品创新才能满足客户需求。在无人区垂直攀登，需要具备前瞻性的市场触觉，还需要强大的资本支撑。利他的动机会给免费商业模式圈定忠实的用户群，盈利点会集中在满足粉丝个性需求的盈利板块。

2. 让利模式 市场营销不缺乏薄利多销的企业，可是如何黏住忠实的客户实现持续盈利，而且还要创造高收益？这种商业模式要保证企业充满利他之心的让利是真实的，产品质量是一流的，顾客服务是满意的，利润率是足够高的，而且还可以持续盈利。

在设计让利模式的时候，要设计好强大的供应链。让利不是不赚钱，更不是陷入亏本的恶性竞争，而是通过强大的供应链来保证充足的现金流，通过互联网大数据分析动态优化调整商品结构，保证商品的大量销售、大批量采购倒逼商品成本大幅度降低，最终确保实现高利润经营。让利是利他的，通过创新盈利也是利他的，只有盈利的让利才能持续。

对于小微企业来说，如果采用让利模式经营企业，老板一定要亲自采购原材料或者商品。通过货比三家，而且要不厌其烦地与供应商讨价还价，亲自采购到质优价廉的原材料和商品。在生产加工现场，还要亲自监督好裁床开料等环节，保证现场精细化用料。而且，市场定价一定要老板亲自拍板，怀有利他之心，诚信经营。

3. 叠利模式 叠利是包含三级分销系统的多重利润设计，

关键是如何保证企业持续盈利。企业经营就是要追求高利润的经营，不管是制造型企业、销售型企业还是全产业链型企业，都要追求高利润，否则，将无法持续经营好企业。

由于叠利设计是缩短商品流通链条，以关系直销为主。一旦营销渠道完成布局，它就会自动发展壮大，这时候企业就可以全力投入产品研发和生产，保证给顾客提供一流的商品。叠利模式不仅仅是对顾客充满利他之心，全力为顾客提供质优价廉的商品，而且对营销人员也充满利他之心，提成设计采用人性化阶梯式分配，能保障他们的收入稳定。

传统企业要怎样设计自己的商业模式，才能让他们成功转型升级？商业模式有很多种，只要你经营企业是成功的，你的经商方式都可以称为一种商业模式。在现代社会众多的商业模式中，基于爱的利他商业模式是层次最高的一种商业模式。传统企业不一定要把经营规模做得很大，却一定要把企业经营体质做强，所以一定要努力创造高利润。

愿景落地战略化，通过阿米巴利他商业模式的帮助和推动，稻盛经营学落地到经营战略，利他商业思想就更加深入民心。利他思维方式从商家到消费者，通过利他战略逐步渗透，让利他文明在社会上开花结果，让利他商业模式迅速地走向世界。

哲学不是虚的，愿景不是虚的，利他不是虚的，战略落地就是最好的注脚，也是最强的支持。通过阿米巴经营战略对企业进行精准定位，再系统梳理企业战略，一定可以完成企业的战略系统构建。企业经营战略纵横捭阖，企业商业模式驰骋天下，利他之心是根本，利他动机至善至美。企业愿景通过战略落地，经营实况就能直接呈现。

愿景落地战略化操作要点

1. 完成《企业战略定位梳理表》（参考附录表格四）
2. 完成《企业战略系统梳理表》（参考附录表格五）
3. 完成《企业战略系统构建表》（参考附录表格六）

微信扫一扫即可获取附录

第五章

企业战略落地组织化

第一节　设置核算阿米巴的三个条件

人类组织是指人的集合体，一般分为两种：

1. 像家庭和社会一样的集体性关系称为共同体组织；

2. 像企业和政府机构这一类的功能性关系称为功能体组织。

它们是交叉互补而不能截然分开的，企业是一个功能体，员工、部门和企业之间是个体、局部和整体的关系，一定要相互协调，发挥出各自的功能和职责。大家都愿意主动承担经营责任，这就是一个充满使命感的组织。企业经营的成功，不是某个人或部门的成功，而是彼此配合的成功，所以，团结协作最重要。企业战略要落地，组织设置要符合战略安排。

在公司经营的过程中，没有哪个组织或者部门绝对"不可或缺"。企业组织都是为了维持公司生存、确保公司高效运作而根据需要随时设置的，同时再配备必要而且最精简的人员来发挥该组织的职能。经营者一定要明白：并不是设置了某组织后企业才能开展经营，而是因为经营需要什么样的组织配合，企业马上设置什么样的组织，切莫本末倒置。

在经济大环境整体萧条的时候，在工作总量大幅度减少的情况下，为了让企业不裁员，同时继续保证工作效率，解决人员过剩的问题，对于精简出来没有工作的员工，一律编入行政后勤，让他们修剪花草树木，打扫卫生，等到经济恢复才能回到一线参与工作。

战略落地组织化是指战略需要组织去落地。企业内的每个组织都是为了精准达成经营战略而设置的，经营战略决定组织架构，组织设置贯穿经营战略。在设计企业的组织架构时，一定要考虑战略执行是否有这个需要，设置的每一个组织部门是否能够贯彻执行公司的整体战略目标和方针政策，这是核算阿米巴组织设置的第一个条件。

设置组织除了要符合第一个条件之外，对于核算阿米巴组织还要求有明确的收支数据，而且这个核算阿米巴组织也要求必须能自主独立核算，不需要财务部门或者其他部门协助，自己就能独立完成"单位时间核算表"的制作和数据分析，这是第二个条件。如果连核算表都无法自己独立完成，这个核算阿米巴组织暂时就不要成立，直到阿米巴长会算账再考虑。独立核算既要求组织赋权独立，又要求经营数据会计核算独立，两者都要符合条件。

不管这个核算阿米巴组织的规模大小如何，都必须能够依

靠自己去独立完成经营业务，而且这个核算阿米巴还能够通过
钻研创新来自行改进业务状况，这是第三个条件。所以说，阿
米巴组织设置是阿米巴经营的开始，也是阿米巴经营的结束，
组织设置的成功相当于经营战略落地的成功。这三个组织设置
条件是针对核算阿米巴的，后勤阿米巴则不需要。

第二节　阿米巴与变形虫的深刻含义

　　阿米巴的定义是什么呢？阿米巴是变形虫 Amoeba 的中文译音，它是一种单细胞生物，虫体赤裸而柔软，它的身体可以向各个方向伸出伪足，使形体变化不定，故而得名"变形虫"。变形虫的最大特性是能够随着外界环境的变化而变化，不断进行自我调整、修复和细胞分裂来适应所面临的生存环境。这种生物由于具有极强的适应能力，已经在地球上存在了38 亿年，属于地球上最古老、最具生命力和延续性的生物体。

　　用阿米巴虫的组织形态来比喻现代企业的组织形态，是因为变形虫的几个特性：

　　第一，阿米巴变形虫的身体可以向各个方向伸出伪足，使形体变化不定。伪足不是足，说它是脚（腿），也不是；说它不是脚，可又有脚的功能和作用。企业组织因为市场的动态变化，时刻都会调整组织形态，跟变形虫的特性非常相似，所以，用阿米巴来比喻很贴切。

当市场需要的时候，企业内部的任何一个组织都可以临时改变职能，去干职能外的工作。所以，要求员工必须具备较强的综合能力，一切工作都是为了创造经营利润。

企业员工就像变形虫，分工不分家，只要经营有需要，哪里需要哪里去。

第二，阿米巴变形虫是一种具有极强环境适应能力的单细胞生物，能够随着外界环境的变化而变化，不断进行自我调整、修复和细胞分裂来适应所面临的生存环境。

现代企业的组织不是也应该这样懂得寻求自主生存吗？将在外君命有所不受，独立核算的组织部门不是也应该独立自主、独立经营和独立管理吗？不是也应该掌握自我调整、自我修复和自我裂变分合吗？我的地盘我做主，我命由我不由天。

一切的理所当然都需要阿米巴负责人对组织的盈亏承担责任，对人才的培养承担责任，这是阿米巴变形虫的特性，也是现代企业需要学习的地方。

第三，阿米巴变形虫属于地球上最古老、最具生命力和延续性的生物体，现代企业如果希望基业长青，希望经营百年企业，那就要学习阿米巴变形虫为了团队自动自觉地做出自我牺牲的利他主义，要学习阿米巴变形虫为了大局的奉献精神。

如果每一个员工都像阿米巴变形虫一样，愿意为了自己的组织奉献自己的才能，也愿意为了自己的伙伴做出最大的努力，这样的企业就一定能打造成百年基业的企业。

阿米巴变形虫是现代企业学习的榜样，首先就要从组织构建开始，组织设置决定人心，因为屁股的位置决定脑袋的责任。所以，企业一定要倡导阿米巴的自我牺牲精神，这种阿米巴精神是为了促进组织的经营活力，而不是为了组织管控和绩效评估。因为阿米巴是最小的独立经营体，不能只强调分割，关键是分割以后的阿米巴能像小企业一样独立经营。

第三节　阿米巴经营与企业组织划分方法

实施战略落地组织化时，组织落地就需要阿米巴经营了。阿米巴经营是一种经营方法，就是把组织划分成一个个小的团体，通过独立核算制加以运作，在公司内部培养具备经营者意识的领导，实现全体员工参与经营的全员参与型经营。不过，阿米巴经营这种经营体系又不单纯是一种经营手法。如果仅仅是经营手法，那就像做衣服一样，只要学会方法和程序，就可以轻而易举地穿上身。可是，阿米巴经营要以稻盛哲学为基础才能正常发挥作用。

阿米巴经营要把组织划分成一个个小团体，一般会有多小呢？根据企业规模和人数的不一样，阿米巴组织的大小也不一样，一个阿米巴组织一般在 10 人左右。刚开始划分组织的时候，既不是越细越好，也不是人数越少越好，要根据企业的实际情况而定。

随着阿米巴经营的推进，阿米巴组织管理层级可以由一级到二级，二级到三级，三级到四级……它们分别叫一级阿米巴、二级阿米巴……一级阿米巴也可以叫高层阿米巴，最低级阿米巴可以叫基层阿米巴，其他处于中间的阿米巴一律叫中层阿米巴，每个阿米巴都要进行独立核算，这是阿米巴经营培养各级经营人才的方式，他们从低到高逐级成长。

阿米巴经营进行组织划分后，可以更清晰地明确企业内部各个组织的责权利，遇到经营问题就不需要直接找总经理，而是找阿米巴长去解决。人人都是经营者，每个人都是自己所属阿米巴的主角。全体员工都要发扬主人翁精神，遇到问题要主动承担责任。

遇到经营管理的任何问题都不要推诿，任何问题的解决都是自己的责任，真正做到责无旁贷，绝对不找借口。人人都要主动承担责任，主动释放自己的潜能和善意，只做对组织有利的事情，为伙伴、为企业和为社会贡献自己的心力，这就是利他精神。

阿米巴经营的组织划分，就是要明确各个阿米巴组织的责任人、责任性质和责任大小，把传统的权力机构转化成责任机构，让人人成为经营者，让人人充满使命感，让人人头上有指标。组织划分相当于人心划分，过去当领导者是被下属侍候的，现在的阿米巴领导者却是服务下属、帮助下属的"公仆"。所以领导者需要切实提高心性，才能拓展经营。

领导者的组织位置还是一样的，但思维方式的不同会导致工作的心态也不一样。领导者就是企业的服务员，负责指导、监督和服务下属员工，帮助他们达成业绩、提升收入、取得成功。自利利他，下属成长就是自己成长，下属成功就是自己成功。

通过阿米巴经营这种新型组织架构的重新调整，不断地磨炼领导者的心性，把命令型的领导者转变为服务型的领导者。领导者的角色转变了，心性也会快速进行提升。

阿米巴经营的组织划分方法是要围绕着创造高利润这个经营本质来展开，也围绕着战略落地这个目的来推进，围绕着战略价值链来确定可以直接创造利润的阿米巴组织，这种创造利润的组织原则上是越多越好。为了完成业务所需要配置的后勤部门原则上却是越少越好，后勤各个部门的人数原则上也是越少越好，后勤员工最好每个人都是精兵强将。

企业要对后勤固定费用的增加负责任，要对新增员工的物心幸福负责任。阿米巴经营是一种全员参与型经营，回归原点，组织划分也是为了全员幸福而进行划分的。

第四节　阿米巴组织划分的两种形态

　　企业经营的本质是创造利润，所以企业内所有组织的工作本质都是要为创造利润服务的。为企业利润服务的组织只有两种形态：一种是直接为企业创造利润的核算阿米巴；另一种是间接为企业创造利润的非核算阿米巴。两种组织的工作都要围绕创造企业利润展开服务，一切跟企业利润无法产生任何关系的组织都不应该设置，国家法律法规另行规定的上市企业组织机构除外。一般企业还是要尽量务实，全力打造创造高收益的组织。

　　要看组织部门能不能为企业贡献利润来划分阿米巴，以下就是组织划分的操作方法：

　　如何确定核算阿米巴？首先，要看这个组织在整个价值链里面是否有增值行为，能否为顾客提供更高或者更多的附加值。如果该组织有明显的增值行为，就可以基本确定这个部门为核算阿米巴了，核算阿米巴创造的增值金额可以通过内部交易定价来确定。

其次，还可以看这个组织能否跟外部市场产生交易，如果没有其他部门支持，这个组织能否独立生存。核算阿米巴是直接为企业创造利润的部门，如果不能从外部市场获取利润，就要通过增值业务的创新来贡献附加值利润，这样的核算阿米巴才算名副其实。

除了生产部和销售部这一类的部门被定性为核算阿米巴，财务部和人力资源部这一类的后勤部门通常都被定性为非核算阿米巴。原则上，企业价值链以内的所有职能部门都有可能划为核算阿米巴，企业价值链以外的所有职能部门都会被划为非核算阿米巴。

不过，由于阿米巴经营体系导入的渐进性，企业价值链以内的设计、采购、仓储、物流和售后部门刚开始通常都会被定性为非核算阿米巴，若干年后时机条件成熟，再调整为核算阿米巴，让更多的职能部门为企业创造利润做贡献。阿米巴组织划分千万不要着急，一定要结合企业经营战略的布局和安排，从粗到细，为达成战略目标而循序渐进。

企业战略决定组织划分，组织设置是为了战略达成而设置的。职能部门设置为核算阿米巴还是非核算阿米巴，由不同阶段的企业发展战略需要而定。所以，不是某个部门能否设置为核算阿米巴，而是什么时候设置为核算阿米巴最合适。

选择阿米巴组织划分的两种形态真的很重要，企业组织非黑即白，不是核算就是非核算，不是前线就是后勤。如果轻易地把非核算部门划分为核算阿米巴，哪怕它符合核算阿米巴的组织划分三个条件，也要慎重判断这个部门是不是真的可以增加附加值利润，有没有可能跟外部机构做买卖。组织划分不是为了分配权力，而是通过责任担当来培养员工。

打破部门墙的藩篱，促成核算阿米巴与非核算阿米巴的融合，需要通过共同构建核算表的计划预定数据来实现。核算阿米巴需要非核算阿米巴的支持和帮助，阿米巴经营预定目标才能顺利实现。非核算阿米巴员工一旦产生一种被核算阿米巴员工强烈需要的感觉，部门墙自然就会消失，阿米巴成员自然而然就能和谐地相处。

第五节　阿米巴组织设置的原理原则

设置组织不是一件简单的事情，有可能会伤筋动骨，有可能会影响战略，甚至有可能会远离初心。那么如何把企业组织设置好呢？首先要不忘初心、牢记使命，任何组织的设置都要符合经营理念。如果一个新设置的组织不符合企业经营理念，就必须立刻收回授权。

其次要从头到尾都贯穿经营战略，组织始终都围绕着企业经营战略不动摇，经营战略能决定组织设置，组织设置要反映经营战略，而且要根据经营战略的调整而调整。

最后，是否调整组织架构要让听得见炮声的人来做决定，因为答案就在现场，所以现场工作的领导者最有发言权，根据现场领导者的意志来确定组织的调整结果，调整完以后还要观察经营效果，如果效果不满意，必须马上又做调整。

设置什么组织，设置多少组织，那就要看现场的业务流程需要。企业经营需要业务支撑，业务的大小、流程的多少可以决定企业的销售额和利润大小。企业经营不是过家家，必须创造利润才行。企业组织不是想设置多少就设置多少，而是看企业发展阶段的业务量有多少，需要哪些职能组织和多少个组织才能支撑。简而言之，组织数量与业务量要匹配。

　　一切以市场为导向，支撑市场业务开展有哪些职能是不可或缺的呢？确定这些不可或缺的职能，再确定企业需要设置的职能组织，那就保证万无一失了。组织设计是按照业务流程思路来展开的，一个组织可以完成一步流程或者多步流程，每个职能组织都不可或缺。业务流程要符合战略价值链的规划，原则上越简单越高效就越好，保证价值最大化。

　　组织设置完成以后，就要考虑组织内部要设立哪些工作岗位，每个岗位需要安排多少人，每个人的工作内容需要包括哪些。按照人尽其用、人尽其才的原则，业务运营必须配备的岗位人员越少越好，间接后勤部门的规模越小越好，组织人少比人多更加高效。

　　只有具备使命感的员工，才能真正做到尽职尽责，使命感教育也是企业经营人才培养的核心内容之一。具备使命感的员工才会拥有正确的思维方式，稻盛经营学落地能否取得成功，关键是看企业内部有多少员工拥有正确的思维方式——一种利他的思维方式。

　　具备使命感的阿米巴组织是一种具备强大向心力的组织。

阿米巴组织成员都同时具备伙伴之间心心相连的一种认同感，也都具备共同的梦想、目的和判断基准。

第六节 阿米巴负责人的选拔与任用

企业组织构建最忌讳群龙无首，对于阿米巴组织负责人的选拔任用，一定要严格。优秀的阿米巴负责人与平庸的阿米巴负责人，对于阿米巴团队成员的成长和目标达成情况，结果真的相差甚远。阿米巴长的人才培养要一步一个阶梯，从基层阿米巴长到中层阿米巴长，再到高层阿米巴长，循序渐进地培养，人才成长需要一步一个脚印，切莫急躁。

如果组织当中暂时缺乏合适的阿米巴长人选，就不要进行组织划分或者把组织暂时合并到优秀的阿米巴里面代管。原则上阿米巴长是不能兼职的，如果组织人才紧缺一定要兼任，也要有计划地在六个月内把这个阿米巴长培养到位，保证设置专职的阿米巴长。

阿米巴长要有全力担责的主观意愿，选拔任用要严格，不要勉强任何人当阿米巴长。

一、任职条件

1. 每个阿米巴至少配备 1 名负责人，不能兼任；

2. 该负责人须认同企业文化并保持价值观一致；

3. 理解并掌握阿米巴经营模式的基本理论知识；

4. 掌握阿米巴经营会计和定价系统的相关知识；

5. 具备一定程度的电脑操作技能，可以配副手；

6. 可以独立完成核算表的制作和数据分析工作；

7. 熟悉该阿米巴组织的工作内容、业务流程以及相关管理规定。

二、意识敏锐

1. 经营意识 具备自主经营、自行管理和自负盈亏的担责意识，敢于带领团队成员开源节流、不断创新且获取丰硕的经营成果。

2. 利润意识 本着让客户满意的经营原则，乐于带领团队成员为客户提供优质的产品和服务，具有获取光明正大的经营利润意识。

3. 核算意识 具有强烈的效益核算意识，带领团队成员想方设法降低经费、提高经营效益。

三、选拔流程

1. 上级主管推荐、员工自行报名或者员工之间互相推举参加选拔。

2. 推举愿意主动担责的阿米巴长候选人参加自荐演讲选拔

及答辩。

3. 确定阿米巴负责人，但如果没有合适的负责人则该阿米巴暂时不进行独立划分。

4. 签署任命授权书：阿米巴长任期一般为 1 年，如果试用期（一般为三个月）业绩不达标，则须另行选拔并安排新的阿米巴负责人任职，并且责令收回原授权书，再发放新任命授权书。

5. 新任阿米巴负责人就职过渡期，可以在原来岗位提前交接业务，到期再上岗。

阿米巴负责人有核算与非核算两种，不管是哪一种负责人，都要思考自己如何带领下属为企业创造高利润提供服务。阿米巴长选拔时，候选人在现场答辩环节，不仅仅要阐述想象出来的思路，还要有具体的实施方案。阿米巴长选拔组的评委们务必认真评分，因为阿米巴负责人至关重要，一旦领导者选择错了，什么阿米巴的业绩都难以达成，甚至会直接影响到战略达成，所以这个阿米巴负责人的选拔任用很重要，有些阿米巴甚至要做到宁缺毋滥。

第七节　阿米巴经营的组织运行原理

阿米巴经营的组织构建可以分为四个板块：组织设计、组织设置、组织运行、组织调整。

在组织运行过程中，如果企业的发展很顺利，根据经营战略的需要，每个阿米巴组织都可以自行裂变，划分出下一级更小型的阿米巴组织。相反，在组织运行过程中，如果企业的发展不顺利，或者某个组织经营不顺利，根据经营战略的需要，若干个阿米巴组织可以自行合并成一个阿米巴组织，或者由经营状况良好的阿米巴组织兼并经营状况不好的阿米巴组织，这种机动灵活的组织变动属于组织调整，随时可以进行，不需要等待上级审批。

在组织运行的过程中，各个阿米巴各司其职、各担其责，彼此的利润收支非常清晰，阿米巴对达成自身的利润目标负全责。虽然各个阿米巴之间互相支援、互相支持、互相配合，不过所有阿米巴的利润目标都非常清晰，组织责任非常明确，一切用数字说话。

因为企业内部经营信息可以同步化共享，各个阿米巴成员都可以站在比自己高一个级别的角度来看问题，站在整体来看局部问题，阿米巴成员之间就会形成自动自发地支援伙伴的利他习惯，促成企业经营战略的整体达成。组织运行不是孤立的，而是一个整体运行的经营体，整体达成目标才是真正的成功，组织成员的整体观决定所站的高度。

划分好阿米巴组织，可以为培养内部企业家型经营人才提供一个锻炼的舞台。人才优胜劣汰，在阿米巴组织运行的过程中，优秀的经营人才就会源源不断地涌现出来。

随着企业不断发展，员工自身才能展示的舞台就会越来越大，锻炼的机会也会越来越多，成才的速度越来越快，培养的周期越来越短。阿米巴组织划分带来的人才培养效果不断呈现，企业进入经营的良性循环周期当中，企业自己培养的经营人才对企业发展作用最大。

在阿米巴组织运行的过程中培养企业内部的经营人才，关键是要培养他们把握经营现状的能力，这种能力很多领导干部都缺乏。他们要不就眼高手低、好高骛远，要不就目光短浅、故步自封，根本就不知道企业未来应该如何发展。

优秀的经营人才一定要具备高瞻远瞩的视野，同时也要能把握当下的经营现状，为企业开创美好的未来竭尽全力。如何做到高瞻远瞩呢？我们要求每一位员工都要学会站在比当下职位高一个级别的位置来看问题，这个位置的视觉就是局部的整体观，任何一位员工都可以做到。每一位员工都要帮助自己的部门不断拓展新型事业，主动开展有创造性的工作。

第八节　阿米巴组织的长生树哲学观

企业就像一棵树，每一部分都可以比喻为阿米巴组织，也是由全体员工组成的一棵大树。企业想要基业长青，就要像长生树一样成长，经久不衰。员工属于企业，企业属于谁？企业是属于全体员工的吗？这是一个哲学问题，而不仅仅是一个法律问题。

作为企业的经营者，我们要解决一个经营姿态的问题。员工在企业工作算是打工者，还是企业的主人？哪怕法律上不是主人，制度上可以是主人吗？经营者可以认同主人翁员工的说法吗？如果从经营姿态上得到企业的认可，人人都是经营者这个观点才能成立。企业是由全体员工共同组成的，缺一不可，谁都很重要。员工要成为主人，才能当家做主。

企业首先是一个利益共同体，然后是一个事业共同体，一起努力才能打造成命运共同体，最后大家共同追求幸福共同体，这是一个很伟大的理想。员工是否认可关键还是企业经营者所做出的经营姿态如何。只有员工认可，才有可能会忠诚追随。

企业创始人就像一颗种子，种植到市场这块土壤上，破土而出，逐步生根发芽，慢慢地长成一棵小树。小树不断地汲取大地的养分，张开怀抱去吸收阳光雨露，最大限度地进行光合作用，逐步长成了一棵参天大树。企业这棵大树就是这样长成的，企业家也是这样炼成的。

每当这个时候，创始人的哲学思想就会深深地扎根到市场这块土地上，还不断地为大树输送思想养分，而高层干部就长成了粗壮的树干，各个组织就像伸向各个方向支撑着树枝和树叶的大树权，中基层干部就成了树枝，一线员工就是每一片绿叶。面对市场、接触顾客的一线员工就是企业这棵大树的绿叶，他们是接触市场空气、吸收市场信息，并通过光合作用进行顾客信息过滤加工的唯一通道。企业这棵树，哪一部分最重要？都是那么重要。

如果来自树根的养分不足，叶子就会逐渐枯萎；如果空气污染绿叶，大树也同样会干枯。所以，树叶要向上生长，树根要向下深扎，企业这棵大树茁壮成长需要所有员工的共同努力。没有谁最重要的说法，谁都很重要，缺了谁都不健康，这就是企业这棵大树的哲学。

一年四季，花开花落，硕果累累。企业如果成功，要与谁分享？这是企业上上下下的员工都非常关心的问题。独乐乐不如众乐乐，经营者一个人无法享受成功的喜悦，可是，经营者心甘情愿地跟全体员工一起分享企业成功的喜悦吗？这个问题很重要，或许是企业能否做强做大甚至基业长青的命题。员工的眼睛是雪亮的，谁都不愿意追随一个自私自利的企业。

稻盛经营体系是一套充满慈悲心的管理模式，它是以追求全体员工物心两方面的幸福为目标的经营管理模式，如果经营者做不到怀有利他之心，这套管理模式的成功也难以持久。

员工是企业的根本，是利润的源头，领导者与下属员工争利，就像树根与树叶争花一样。红花掉到树根是凋零的，只有在树叶的滋润保护下，才能结下累累硕果。万绿丛中一点红，落叶归根。鲜花与掌声，领导者虚心让给小绿叶；最终的经营果实一定属于领导，不需要争。跟下属员工争名夺利的领导者最终都是失败的，这是由领导者的胸怀和格局决定的。

稻盛人生哲学就是企业的树根，树根要牢固才能经受得起市场的狂风暴雨，否则就会有被狂风连根拔起的危险。树根扎得越深越稳固，扎得深则企业长治久安、基业长青，扎得浅则企业容易风雨飘摇、人心惶惶。稻盛哲学的六项精进要践行好，这是爱的根源。付出不亚于任何人的努力，只要把人做对了，事情就能做对，这也是企业经营成功的唯一秘诀。

稻盛经营哲学就是企业的树干，企业的高层组织都在这里，如果高层的领导力和执行力不到位，整个企业就会缺乏市场竞争力。在企业这棵树长高的同时，树干越粗越好，粗壮的树干才能保证企业参天大树站得稳、靠得住，经营十二条就能保证树干的健康成长。

《稻盛和夫的实学：经营与会计》中所阐述的稻盛会计七原则是企业的体质，现金流健康与否会直接影响到企业的血液流动是否畅通，核算效益高低会影响企业的生存发展。遵守会计七原则才能让企业的经营体质保持坚韧，你可以不怕市场波动，不怕经济危机，却要坚定不移守住会计七原则的底线，坚决抵御市场一切诱惑。其中现金流为第一原则，只有让员工看到现金流动的实况，才能真正提升核算效益。

阿米巴组织是稻盛经营学的载体，变形虫的组织特性决定阿米巴组织的利他性。阿米巴组织直面市场的变化，万众一心、众志成城、团结互助，共同面对市场的跌宕起伏。他们会根据市场的具体变化做出相应调整，各个阿米巴既要独立自主，又要互相抱团支援。管理要以人为本，经营要以心为本，经营企业就是经营人心，所以组织成员的团结最重要。

阿米巴组织是企业内部的责任系统，每一个阿米巴组织的成立都是为了承担相应的经营责任，而不是为了争夺经营权力。与传统的企业组织不一样，本质上是组织思维方式不一样，表面上阿米巴组织依然有管理链和科层制，不过那是经营责任的监管链和责任层。权力是为责任服务的，阿米巴负责人是组织经营责任的承担者，而不是管控下属的大官。这里没有人发号施令，一切都要听从市场的呼唤。遇到问题的判断基准是：作为人，何谓正确？

阿米巴组织的核心是倾听现场的声音，倾听产品的哭泣，倾听市场的呼唤。自上往下的权力寻租空间消失了，取而代之的是自下往上责任承担者前赴后继，这样的团队才能体现出人人充满使命感的企业哲学思维。阿米巴组织就要把命令型的管理思维升级为服务型的经营思维，用经营思维替代管理思维，真正实现人人都是经营者的全员参与型企业经营。

要想强健企业的体质、增强企业的实力，就要把缴纳企业所得税以后的税后净利润储备起来，作为企业丰厚的内部留存，进行水库式经营。所以，企业经营者不应该做偷税漏税的动作，无论企业要缴纳多少税款给国家，我们都要如实申报、依法缴纳税款，赚取光明正大的企业利润。这是阿米巴组织的长生树哲学观，这也是打造基业长青的企业哲学观。

第九节　经营管理部的七大核心工作

经营管理部是站在经营者的立场看问题的，通过阿米巴经营会计系统，在实现总公司的年度经营计划和利润计划的同时，肩负与经营者一样的使命，不仅给各直线部门的事业部长、各横线部门领导及其他部门责任者提出建议，还要帮助他们切实解决经营上的问题。

经营管理部的核心工作共包括计划管理、数据分析、组织绩效、流程制度、战略规划、阿米巴工作推进和企业哲学共有七个板块，占据部门绝大部分时间的工作是对各个阿米巴的计划管理。经营管理部的计划管理不是坐在办公室完成的，而是要求部门全体员工深入各个阿米巴的工作现场对各项工作进行监管操作，确保各个阿米巴经营指标的整体达成。

除了现场的计划管理工作，每天还要把各个阿米巴的核算数字进行横向数据分析，提醒各个阿米巴各项核心经营指标的月度达成率和年度达成率。对于阿米巴之间发生的任何问题，经营管理部都要帮助他们协调解决，必要时可以联合成立专案组解决一些特殊问题。

一、计划管理

经营管理部每天计划管理的关注点是销售额达成率、经费使用率和时间利用率三项，月度计划管理关注点则不一样，主要会集中在销售额达成率、结算收益达成率和附加价值完成度三项。年度计划管理则结合经营战略的侧重点来集中关注，其中经营利益达成率就是一个重要指标。经营管理部关注哪个指标，哪个指标就会比较容易达成。

不过其他经营指标也要关注兼顾，因为它们都是相互关联的经营指标，一个指标变化会引起关联指标也发生变化，正所谓一荣俱荣、一损俱损，牵一发而动全身。企业经营还是要关注月度和年度利润的，只不过不同时间节点的关注点都不一样，一定要有所侧重。

各级阿米巴每天的计划管理主要集中在中午工作结束以后，看看各项指标的完成度怎么样，需要做出什么措施来保证当天业绩完成。经营管理部则密切关注各个阿米巴的问题改善点，只要把每天的问题解决好，业绩指标自然就能达成，经营管理部协助他们解决问题。

每个月的计划管理分为上旬、中旬和下旬三个时间节点，上旬结束以后两天内就要召开阿米巴内部经营会议，对比上月数据分析当月预定指标的可能达成率。如果预定与实际数据差距过大，需要提前做好应急解决方案的准备工作，力争完成当月的所有经营指标。

中旬结束以后两天内也要召开阿米巴经营会议，如果预测还是无法完成当月经营指标，这个时候就要成立阿米巴内部专案组，经营管理部协助专案组，调动其他部门资源进行支援，还是要力求完成阿米巴当月经营指标。专案组是一个临时组织，结束以后马上解散。

下旬结束前两天则需要举行全员冲刺大会，阿米巴成员竭尽全力冲刺当月目标。

年度计划管理也要分为六月、九月和十二月三个时间节点，上半年结束以后，马上分析阿米巴经营数据，先看看预定与实际数据的差距大不大，再预测完成年度经营计划的可能性大不大，哪些数据需要马上调整，哪些资源需要重新调配，发现问题就要马上行动。

如果有些重大问题阿米巴自己解决不了，经营管理部可以联合其他阿米巴做专题改善。否则到九月份，可缓冲时间不多，再想办法补救也来不及了。每个阿米巴业绩达成率都不一样，如果到九月份，年度经营计划的达成率就基本定局了。我们必须集中优势资源帮助差距较大的阿米巴，争取经营计划的整体达成，这是利他哲学的实际践行。

各个阿米巴不能只顾自己的业绩，而是要兼顾整体的业绩达成。到了十二月份，已进入最后阶段的查漏补缺，优秀阿米巴必须主动支援落后阿米巴，全体员工众志成城冲刺业绩，确保企业整体业绩达成。计划管理就要追求经营目标的整体达成，不能隔岸观火。

二、数据分析

经营管理部的数据分析是比较专业的工作，一般要做数据的定量分析，常用的分析方法包括实际业绩与预定业绩的差异分析、环比数据分析和同比数据分析三种。从冷冰冰的数据背后，能否找到枯燥的数据关联性？数据差异的根源在哪里？这些问题必须刨根问底，经营问题总是牵一发而动全身。数字背后真正的原因是什么？真正的问题究竟会出在哪里？数据分析的结果往往要加入定性分析，为各个阿米巴的经营改善做指导。

各个阿米巴的数据分析只是单点分析，即只分析自己的经营现状，不分析其他阿米巴的数据。经营管理部做的是线性数据分析，即将各个阿米巴之间的同一个指标差异大小、进步快慢和贡献值百分比，做横向对比分析。

每天分析一次，月度业绩分析会再分析一次，时间维度不一样，分析结果肯定不一样。在做战略调整的时候，经营管理部对企业整体数据链的平面分析和行业数据链的立面分析就显得特别重要。经营者的正确决策依靠数据分析结果，专业的数据分析会如虎添翼。

经营管理部的数据分析包括技术分析、问题分析和人心分析三个维度。技术分析主要是保证核算表制作的准确性、客观性、及时性以及各个指标分析的技术性。技术分析是基础分析，要掌握表格制作、数据录入和统一口径三方面的技术，阿米巴长必须过关。

阿米巴核算表的问题分析，可以通过数据差异找到经营问题的产生根源，这里主要是靠娴熟的业务经验和刨根问底的精神，直接找到阿米巴的经营管理问题，有针对性地进行月度改善课题的构建，在解决经营问题的同时提高心性、拓展经营。

经营问题是人为的，是由员工"制造"出来的。解铃还须系铃人，所以必须通过解决人心问题来彻底解决经营问题。这就是人心分析。人性的本质都是善良的，制造经营问题背后的思维方式是什么样的？这就涉及员工的世界观、价值观和道德观问题。解决这些人心的问题，不是对员工进行道德绑架，而是需要帮助员工提升心性、拓展经营。

三、组织绩效

经营管理部的组织绩效考评工作表面上很简单，内在责任却是最重的。因为组织绩效属于量化考核评价，填写考核表很容易，把各个阿米巴的核算表数据复制粘贴就可以，关键是这个考核对阿米巴组织的成长有什么帮助，那就不是冷冰冰的考核数据，而是充满关爱的温暖数据了，所以，组织考评后的帮扶措施最重要。

如何帮助各个阿米巴找到成长短板？如何帮助他们补齐短

板？这是经营管理部应该关注的事情。组织绩效考核评价以后，经营管理部员工就要找各个阿米巴长探讨他们的不足之处，想方设法帮助他们弥补不足，这才是企业进行组织绩效考评的目的。

"单位时间核算表"的科目管理刚开始都是三级科目管理，随着阿米巴经营会计的逐步导入，核算表的收支科目可以分解到四级甚至五级科目进行精细化管理。这么一来，组织绩效的量化考评也不限于一级和二级科目的考评，核算表的三级、四级和五级科目都可以进行考核评价。比如说：一级是费用，二级是变动费用，三级是汽车费用，四级是过路费或者油费等科目。大家要选择急于改善的科目进行考核。

考核是为了让阿米巴成员关注该科目，从而主动改良改善，提升核算效益。经营管理部在月初公布各个阿米巴的考评结果，同一级别阿米巴进行排名公示。

四、流程制度

流程制度的升级优化不是经营管理部的工作，却是经营管理部的责任，每个月由经营管理部牵头对企业的流程制度进行持续的升级优化，这是企业每月精进的核心内容之一。在流程制度升级优化前，各个阿米巴每个月要召开流程制度研讨会，把问题点与可优化内容集中起来，在经营管理部的引导下完成每个月的流程制度优化工作。

经营管理部的责任是定期组织二级阿米巴召开流程制度会

议，由二级阿米巴长进行流程制度升级优化。新流程和制度通过表决试行，效果好的保留，效果不好的则继续优化。

流程优化不是一件简单的事情，它需要一线员工的创新思维、企业的创新机制和文化，还需要现场领导的支持，否则流程优化升级只是一句口号，难以真正落地实施。

五、战略规划

大型企业会设置战略企划部门，可是大部分中小微企业都没有这个部门。那么，企业的战略规划由哪个部门去做呢？这个问题很多企业都没有答案。

导入阿米巴经营模式的企业，一般由经营管理部来负责企业的战略规划。经营管理部搞战略规划也只是组织决策层召开战略会议而已，并不是由经营管理部来确定企业未来的发展战略。参考经营管理部提供的各方面经营数据，企业高层可以一起研讨企业未来的发展战略，对一些战略方针政策表决通过。没有经营管理部的企业，可以由老板组织战略会议。

企业经营高层确定战略方向后，规划战略达成路径，进行战略布局。战略落地组织化需要各个阿米巴组织的支持，经营管理部负责点燃大家的激情，引导阿米巴长承担战略责任。战略规划要由虚的战略方向转成实的战略目标，这些战略目标不是由领导摊派给各个阿米巴，而是阿米巴长根据自己的实力主动认领战略任务，主动认领比被动执行效果好得多。

六、阿米巴工作推进

企业导入阿米巴经营模式，推进阿米巴经营的工作确实异常艰辛。阿米巴的推进工作有阿米巴长选拔、组织构建、核算报表构建、业绩分析会和课题改善等，经营管理部服务的阿米巴数量多少，每个企业都不一样，推进的难易度也不一样，所以需要配备的人数更不一样。经营管理部的员工就像部队政治部的政委和指导员一样，每个人都要负责一支部队的阿米巴经营体系导入，特别是稻盛经营学的整体落地推进工作。

七、企业哲学共有

经营管理部的员工就像部队里的政委和指导员，他们除了业务能力比别人突出之外，还要求哲学思想的高境界。严以律己、宽以待人、以身作则、知行合一。领导者没有身先士卒、率先垂范的姿态，哪个团队也做不到哲学共有。经营管理部对企业哲学的推进、渗透和共有工作，首先要用自己的身影去感染和影响别的伙伴。

企业哲学共有需要理论说教，还要通过全员研讨、反复践行和空巴交流等科学落地方法，彼此经过长时间磨合而结成一群事业伙伴。大家同呼吸共命运，一起去追梦，一起去圆梦。经营管理部要把企业哲学渗透到基层员工，就要借用"单位时间核算表"这个工具去宣导传播，通过思想统一让大家目标统一，通过目标统一让大家行动统一，通过行动统一让大家基本上实现哲学共有。哲学共有既是一个漫长的过程，也是追求

"顿悟"的快速共有途径。

战略落地组织化，等于说战略需要组织化作为载体才能落地。战略布局就是对战略组织进行提前规划与布局，有些组织现在还没有，或者说成立了也起不到任何作用，可是未来是一定需要成立的。这些组织可以在企业战略规划图（不是当下的组织架构图）里标注出来，跟正常组织标注方式是一样的，只是外框用虚线表示就可以。对于这些未来的战略组织，我们需要提前进行布局，先有计划地招募或者在内部进行战略人才的定向培养。

只要人才到位，在需要的时候组织就可以快速成立起来，按照企业的战略规划进行布局。只要战略组织已经成立，战略目标就有了相关组织承担，最终目标一定能保证达成。

出于企业未来战略布局的需要，战略组织的设置也是为中长期战略目标的达成而设置。所以，对未来即将成立的战略组织，绝对不能掉以轻心，要提前做好准备，包括"人财物"的充分准备。其中，战略组织领导者的提前确定最重要，其次就是团队的提前组建。

调整战略的难点不是方向，而是组织的调整；调整组织的难点不是职能，而是负责人的调整。阿米巴负责人能否胜任新的职能组织？随着经营战略推进，企业组织时刻灵活应变，经营人才的培养决定成败与能否达成战略部署，阿米巴领导者的专业能力决定输赢。

制定战略要把人才培养战略前置，战略每一步的成功都是各个部门员工通力合作的结果。组织的阿米巴长可以决定组织的成败，所以对阿米巴长的培养要提升到战略人才培养的高度。每个阿米巴的负责人可以依次确定第一负责人、第二负责人和第三负责人，这是为企业持续发展循环培养阿米巴长人才，这个负责人是对所属阿米巴的经营业绩负责的员工。各个级别的阿米巴长都要自行培养足够的经营人才，作为企业不同发展阶段的战略人才储备。

战略落地组织化操作要点

1.完成企业《阿米巴组织架构图》设计

2.确定各阿米巴长以及阿米巴成员名单

第六章

企业组织落地流程化

第一节　制定流程的目的和意义

任何一个组织诞生、存在、发展和衰亡都符合自然规律，有事做，有价值，才会有组织，否则组织就会自然消亡。组织存在的价值就是要做事，做事也可以叫做业务，做任何业务都需要流程化，所以组织落地一定需要流程化。因为企业经营总是围绕着利润来展开业务的，所以流程的构建、升级和优化都必须能创造利润，能够创造利润的流程才有价值。不同发展阶段的组织流程是不一样的，生存与发展阶段的流程要求是不一样的，要与时俱进。

如果说企业是一个事业平台，那么组织就是组成这个事业平台的局部碎片。阿米巴组织划分就是把企业内部各个组织细分为事业组成单位，通过业务流程把这些事业碎片串联组织起来，形成一个有价值的事业平台。那么，组织流程优劣就决定了事业价值的高低，制定高效的业务流程可以实现组织价值最大化，让组织可以出奇制胜，灵活应对市场的变化。

组织落地流程化，就是通过制定科学流程来充分发挥出各个职能组织的优势。自然世界一直在运动，运动就有运动的轨迹。组织不是静态而是动态的存在，组织的运动发展轨迹就是组织流程图。企业组织的运动就是流程运动，组织成员的一举一动都是工作程序的流动，这就是持续运动的平台组织。组织在变化，业务也在变化，流程必须同时做出变化。

流程可以理解为流动的程序，从组织到另一个组织，从部门到另一个部门，从工序一到工序二再到工序三，从步骤一到步骤二再到步骤三，从一级流程到二级流程再到三级流程。究竟企业需要制定哪些流程？流程不是越多越好，也不是越细越好，而是可以创造最高利润的流程最好。那么如何创造利润呢？提升工作效率、增加业务数量，直接提升销售额，而这样的流程升级优化可以直接为创造利润做贡献，企业按照这个思路去制定流程才有意义。

第二节　制定流程的方式和方法

从时间的维度来看，每个人在工作生活当中，都需要遵循某个流程步骤去做事情。这些事情一定是按照事前、事中和事后三个步骤去做。事前、事中和事后也可以继续细分下去，事前的事情可以分为前中后，事中的事情可以分为前中后，事后的事情也可以分为前中后。不是所有事情都需要制作成标准的流程，确定对提升经营利润、提升工作效率或提升销售额有帮助的事项后，再把它们制作成标准化操作流程。以下是制定流程的操作方式方法。

一、不管是公司、部门、项目还是岗位流程的制定，我们都要把与这个流程相关的工作内容清单梳理出来。

梳理完成这项工作的内容清单，我们再按照工作实施的步骤进行科学的排序，哪个步骤放在前面，哪个步骤放在后面，哪个效率更高，现场工作效果如何，能不能创造利润，按照业务流程的最佳次第排序，事前工序有哪些，事中工序有哪些，事后工序有哪些。这是第一级业务流程的内容清单排序。

原则上一级流程越简单越好，整体最好不超过八个步骤。如果步骤实在太多，就把这级流程定为二级流程，另外提炼一级流程步骤。

二、业务流程可以继续进行细化操作，一级流程往下细化就是二级流程，对于一级流程的每一个步骤，我们必须进行仔细推敲，能分就分，该细就细，不能一概而论，必须坚持具体问题具体分析的原则。

如果一个动作保持现有的操作效果更好，那就保持原来的步骤；如果动作进行分解的操作效果更好，那就谨慎分解，分解是为了提升工作效率。

二级流程的步骤也不宜太多，每一项以不超过五个步骤为宜，步骤太多就不方便复制，效果也不一定很好。把二级流程的工作内容梳理出来，再进行科学排序。流程排序一定不能是想当然的，而是要根据现场的工作步骤进行动作分解和细化，以效果为导向。

三、业务流程的细化从三级流程开始，就要谨慎把握好每一项动作的分解步骤不要超过三个，把二级流程每个操作步骤进行三步拆解就可以了。

为什么呢？对于正常的工作内容来说，流程分解动作越细就越复杂，流程操作步骤多了，操作起来更容易出差错。并不是流程分解动作越细工作就做得越好，拆解三级流程一般只是为了方便工作原理的讲解，实际操作很少做到三级流程。

至于四级和五级流程，除了为高精密仪器而设计的工艺流程，一般工作没有这个必要。对于新入职员工，直接进行三级流程培训很有必要，起码让他们掌握工作内容的原理原则。至于实际进入工作现场，那就尽量把流程进行简化，优质产品总是一气呵成的。

对于熟练的员工，动作高效更需要简化的流程。简化的流程就是高效的流程，级别越高就越简单。虽然凡事都有前中后，可是做流程描述是不需要把前中后写出来的，解释的时候讲清楚就可以了。流程要追求简单明了、通俗易懂，流程细化一定要适可而止。

四、业务流程设计完成以后，具体流程由谁执行？由谁负责？由谁监督？这些都需要在流程表上签名来确定，否则流程只是干巴巴的一堆文字。

流程各个节点需要配备哪些职能？职能清晰、岗位清晰、内容清晰，才可以真正落地。流程设计完成，进入流程执行，在执行的过程中思考升级优化。每个企业的行业特征不一样，流程设计肯定也是千差万别的。流程执行人不一样，流程效果肯定也不一样。流程是为创造经营利润服务的，所以，流程执行结果一定要有人负责。

如何让现场员工为工作流程注入他们的灵魂，进而保证流程执行效果呢？那就需要设置对应的监督人，整个流程执行过程中，相互之间要形成内部闭环监督。只要执行到位、监督到位和总结到位，业务流程就会越来越科学高效，流程设计出来也会越来越适合企业，制定这样的业务流程最适合企业，能让企业充分实现自身价值。

第三节　流程必须定期升级优化

　　当各级工作流程确定以后，可以在工作现场展示流程走向组图，进行视觉化现场管理。一般情况下，要升级优化流程是很难的，流程重组就更难了。很多企业的工作流程多年不变，不仅缺乏流程创新，连改良改善的动作都没有，所以，这些企业总是缺乏竞争力。

　　工作流程定期升级优化可以成为企业的核心竞争力，企业每个月都应该优化流程一次。可是优化不一定效果好，需要一段时间的流程运行，真的效果好才能整体升级。每个月只能优化流程，还不能升级，每年只需要升级一次，升级后流程走向组图也需要更新。

　　每个月的流程优化需要各个流程执行组织的配合，大家有没有严格按照流程步骤工作？工作期间有没有发现哪个步骤不顺畅，或者效果不够好？流程每一句话、每一个步骤有没有体现出对员工和对顾客的利他之心？要不断地这样自问自答、逐一对照。

如果有问题的话，在流程研讨会上就可以提出来讨论，这些问题就算自己没有很好的解决方案也可以提交给公司，让经营管理部组织相关部门领导进行研讨解决。如果按部就班优化升级，让我们的工作流程都体现出利他的爱念，工作流程一定会越来越好。

还有一种情况就是进行流程创新，可以更改流程或调整流程顺序，尝试更好的工作效果。当然，这只是尝试，关于尝试的过程与结果，组织负责人要及时知会经营管理部。要鼓励不断创新尝试，一旦有好的结果就优化推广，结果不好也可以转换操作思路再试。

任何一项流程创新发展都存在一个试错的过程，作为领导者要鼓励大家多思考、多尝试、多创新。简单的步骤要重复做，一边做一边有意识地思考；重复做的步骤要坚持做，千百次的坚持才会有新的发现，坚持就是胜利，企业的流程优化升级一定会取得成功。

在流程执行的现场，除了事前的理论彩排，事中的流程监督，还有事后的流程总结都很重要。总结研讨流程优化的会议中，一定要安排专人做记录。参与流程执行的所有员工都要发言，按照复盘流程执行现场的思路去研讨，研讨结果当天就要告知经营管理部。

经营管理部作为组织流程优化升级会议的部门，一定要综合各个部门的流程优化信息，进行部门内的专项讨论以后，再在每个月公司层面的流程优化会议里，组织大家集中研讨。没有突破、没有进步都是正常的，不要因为暂时没有进步而懈怠，一定要坚持下去。

流程优化是企业一项很强的核心竞争力，有时候由于流程的改变，技术会发生翻天覆地的革命；有时候由于流程的重组，工作效率会大幅度提升，经营成本会大幅度降低，而这些变化可能得益于流程日积月累的优化。

企业的进步不一定要大刀阔斧地实施改革，也可以通过和风细雨的流程优化精益求精，这是战胜竞争对手取得成功的一大法宝。企业的核心竞争力包括很多，资本、战略、营销、商业模式、管理模式和团队等都很重要，精细化管理的流程优化也属于核心竞争力，关键是领导者把流程优化放在哪个位置。战略？战术？战斗？位置不一样，结果就不一样。

流程优化是企业发展的基本功，不管市场如何风云变幻，只须专注于流程改良与创新，逐步优化升级，企业发展以静制动。风雨过后就是彩虹，危机过后就是爆发，企业即将迎来高速发展期。企业高速发展需要什么？需要人才。大量实战人才绝大部分都可以通过专业的流程培训，在企业内部进行快速复制。可以说人才培养速度等于企业发展速度！

组织落地流程化一旦有了科学高效的流程，组织职能就可以发挥出最大效能，各个阿米巴组织就能更好落地了。在整个流程制定、优化和升级中，各个阿米巴组织的参与、执行和创新就显得非常重要。核算阿米巴组织的划分条件之一就是要通过钻研创新自行改进业务状况，这个钻研创新除了技术创新，更多的就是流程创新，而且流程创新见效最快。

不同的组织类型决定流程走向，流程创新和优化也改变着组织的发展方向。组织是因为业务流程的不可或缺性而设置的，流程是因为职能组织的流动变化而形成的。组织落地需要在动态中实现价值，流程可以让组织实现高效，流程训练还可以快速培养经营人才。

实施组织落地流程化时，流程的制定很重要。如果流程制定出来，员工却不懂如何操作，那就是没有用的流程。流程制定出来是为了应用到经营业务上，而不是为了炫耀做了一本流程手册。流程是为经营利润服务的，只有做好流程的培训，才能保证组织流程化的实施效果。

专业流程训练是快速培养人才的重要手段，把专业流程不断复制给相关员工，流程才能发挥出它的应有作用，为组织创造经营利润做出贡献。如果组织要达成战略目标，就要保证全体组织成员掌握高效的业务流程，通过团队成员高效协作，实现组织的最大价值。

流程训练主要由熟手员工训练生手员工，因为是专业的流程训练，所以这种训练有别于传统的"传帮带"学习。那么企业的流程训练怎么操作呢？

第一步要做流程理论的学习，生手员工在搞清楚专业流程的原理原则后，再背熟流程步骤，然后进行笔试，要求一天内必须过关。

第二步由熟手员工带着生手员工在现场实地操作，先示范后实操，不断反复训练，直到熟练掌握流程步骤为止。

第三步可以进行专业流程实操考试，以能够上岗为标准，及格（一般80分以上为及格）以后才能结束培训。

第四步是走出培训的固定场所，正式进入岗位实习，等到熟练掌握流程后才能让他独立操作。实习期间，必须指定一名熟手员工进行"传帮带"。这是人才的流程训练，组织成员的工作技能过关了，组织才能发挥最大价值，员工才能成长。

组织落地流程化操作要点

1. 完成企业各个部门的工作流程
2. 制作各项工作流程走向的组图

第七章

企业流程落地制度化

第一节　企业制度需要注入灵魂

哲学再好，也需要固化于制度；流程再优，落地也需制度化。企业制度的存在也是要为创造利润做贡献的，而不是一堆浮于表面的文字。企业制度是企业利润创造的保障，是企业流程落地的保障，是企业文化落地的保障，是企业哲学落地的保障。如果没有一套好的企业制度，就谈不上有什么好的企业管理。制定一套好的企业制度，需要注入灵魂。

如果是为了拥有一套制度而制定制度，这些制度只能是一堆制度文字稿，谈不上对企业经营有什么帮助；如果企业没有为制度注入灵魂，制度永远都只是制度，制度不在日常经营当中运用的话，制度就无法产生价值。企业需要有灵魂的制度，需要有思想的制度，需要有哲学的制度，需要适合自己的制度。制定制度不要走过场，要注入自己的灵魂。

企业制度是为利润服务的，因为流程创造利润，所以企业制度也是为流程服务的。制定企业制度需要注入灵魂，就是不忘初心，时刻对照企业理念，保证制度符合理念使命。企业制度的每一句话有没有体现出对员工的关爱之心？制定者要不断地自问自答。运用制度更需要注入爱的灵魂，没有灵魂的制度无法真正有效地保障流程的落地运转。

那么，什么叫制度呢？天地节而四时成，节以制度，不伤财，不害民。制度是以制数度，定德行；制度就是通过适度的节制，以确定道德的行为准则。任何企业发展如果不加节制，都会过分消耗企业的固有资源，有可能会对企业未来发展造成毁灭性的打击。

但是，节制最好是适度，如果节制太过分，就会使员工感到压抑和痛苦。适度节制，可以作为制定各项规章制度的原理原则。制度是用来确定节制的程度，究竟几分为好，几分为不好？通过制度来推行节制，确保企业稳健发展。制度也是提示警醒，全员都要遵守。

制度为谁而设？制度为制定制度者而设，制度为制度执行者而设。制度不是为约束别人而设，也不是为展示给别人而要求别人去遵守。相反，制度是为了约束自己而要求自己去遵守。所以，企业制度的制定，一定要全员参与制定，而不是一个部门的事情。

制定一切制度都源于自己内心的爱，爱自己、爱他人、爱企业，希望自己和别人都不要犯错误，通过制度时刻提醒并约束自己和他人行正道、做正事。如果经营者带头遵守制度，如果企业高管带头遵守制度，其他员工也一样会跟着领导遵守制度，那么全体员工都会受益。把灵魂注入制度，制度就遵守得好，流程也会执行得好，企业哲学文化会更好。

第二节　企业经营管理制度大纲

一、哲学制度

哲学制度必须位列企业所有制度之首，是企业所有制度的灵魂，统领着企业的所有制度。哲学落地制度化就是要把哲学内容都固化到制度上，形成员工为人处世的哲学标准与规范。制定企业所有制度的同时，都要思考这些制度条款内容是否符合企业哲学思想。

1.标语监察制度　悬挂标语口号是企业哲学落地的宣教手段，这项制度要确定监察时间、地点和负责人。对于标语内容和卫生情况要定期监察，对负责人的监察结果要设立奖惩措施。标语是为了强化哲学内容而设置，从内容选择、悬挂位置到日常维护都要明确。

2.研讨会议制度　各个级别的阿米巴组织，干部和员工召开企业哲学研讨会的时间不一样，这项制度就是要把这些内容全部明确化，研讨会要设定主题，也可以进行哲学考核。一般每个阿米巴一个月只需要召开一次研讨会，最多每周召开一次会议。

3. 恳谈会议制度　对于空巴恳谈会要进行会议约定，既然是会议就要开会，而不是聚餐。空巴需要有主题，有会议记录。为了培养人才，每次会议主持人可以轮换上场。

4. 思想表彰制度　为了鼓励后进员工，表彰先进员工，这项制度表明思想表彰对职务和工资收入会有影响。作为晋升和薪酬调整的依据，思想表彰代表价值观的进步。

5. 哲学修订制度　提高心性、拓展经营。员工在进步，企业在进步。哲学内容也要与时俱进，这项制度要明确哲学内容的修订时间、方式与负责部门，最后由总经理审核并签发。稻盛经营学在企业落地需要比较长的周期，要根据企业实际情况逐年进行修订。

二、人事制度

企业管理包括什么内容？不外乎"人、事、物"三个字，相对来说，"物"是比较容易管理的，"人和事"却是最难管理的。因为人心难测，究竟要如何管人理事是一门艺术，真的难倒不少领导者。

所以，企业人事制度的制定确实很重要，严格执行到位更重要。经营企业就是经营人心，了解员工内心真实想法才能制定好规章制度。

1. 入职培训制度　对于新入职的员工，都要确定岗前培训的时间周期、培训内容和考试上岗。这项制度对未来的人才准入进行第一次严格把关，对不符合标准的员工要尽早清退。特别是哲学的考核，试用期不及格的员工尽量不要勉强，后期培养成本非常高。

2. **考勤制度** 这项人事制度员工可能最熟悉，却也是最容易犯规的一项制度。所以，企业要对上下班和加班的考勤时间进行严格准确定义，对请假、休假和旷工等的考勤定义也要用文字讲清楚，对于违反制度的员工还要在劳动法的框架内进行处罚。

3. **薪酬制度** 对于员工劳务收入的薪酬构成和工资、奖金种类，在这个制度上都要列举清楚，特别是工资发放日、奖金发放日和薪酬调整时间，等级工资和职务工资的设置和调整都要写明白，遇到特殊情况或者国家节假日的薪酬处理，制度要做出说明讲清楚。

员工最关注的人事制度是薪酬制度，只有员工每个月的收入清楚，员工才会安心工作。制定员工的薪酬标准一定要参考能力、职责和贡献度，薪酬调整也是同样标准。

4. **组织管理制度** 阿米巴组织授权与管理范围要在这项制度里写清楚，任职时间和属下人事权要界定清楚。内部授权不能签订合同或者协议书，上级与下级是上下关系，不是平等关系。授权书必须在这项制度中进行明确，经营者通过授权书来赋权给阿米巴长。

5. 教育培训制度　这是员工的福利制度，人人有机会，不过要设置门槛、符合条件才能享受，鼓励员工争取。不仅仅是全体在职员工，符合条件的员工子女也可以享受企业的免费教育支持。制度里不用写门槛和条件的细节，细节写进制度的标准里就可以。

6. 晋升制度　不管是职务晋升，还是工资等级晋升，这项制度都是员工翘首以待的内容。制定晋升标准是不难的，要努力做到公平、公正和公开。关键是员工要有晋升的愿望。

7. 激励制度　这项制度也是员工普遍比较关注的内容。如何对员工进行最有效的激励？只要把激励类型、奖金比例、发放时间和奖励条件设定的具体指标说清楚，就可以最有效地激励员工。

激励是对员工的工作肯定，一定要把握好分寸，不要过度激发员工对物欲的追求。制度就是制约有度，激励也需要讲平衡，物质和精神的双引擎驱动激励效果最好。

8. 考评制度　不管是组织考评还是个人考评，都要确定考评负责部门，谁负责考评谁？考评的目的不是奖惩，而是考评后的人才培养，帮助员工成长，帮助组织达成业绩。因此明确考评目的和意义非常重要，考评后的人才培养更重要。

三、会计制度

为了避免某些企业导入阿米巴经营体系之后有会计之名而无会计之实的现象，我们确实很有必要把会计制度建立起来。

阿米巴经营会计需要全体员工都参与制作核算表与分析数据，如果没有一套健全的会计制度进行监管，最后这种全员参与估计也会流于形式。

会计制度要保证企业会计报表数据的准确性、及时性和真实性，也包括客观性、合理性和专业性；会计制度更要保证现场改善和企业利润的增长，这才是会计的本质。

1. **独立核算制度**　这是阿米巴经营的核心机制，企业经营人才的培养就是依靠这项制度展开的。"独立"是以阿米巴组织独立为前提，"核算"就是各个独立经营的阿米巴要进行会计核算、自负盈亏。所以关于核算表的技术细节要讲清楚，目标是提升效益。

2. **报表上交制度**　会计制度是针对企业内部的制度，各部门做报表、交报表不能靠自觉，需要有相关制度作为约束，可以通过制度设定每日核算表和月度核算表的具体上交截止时间。迟交报表的核算与非核算阿米巴一律公示，由经营管理部负责，逐步形成习惯。

3. **报表管理制度**　全员参与做会计报表是为了改良改善，为了提升业绩，报表制作过程和使用结果一定要有监管，要明确由财务部门和经营管理部门对报表数据进行审核与分析。报表数据问题的责任人是经营管理部、财务部和阿米巴的三个负责人，形成360度监督。

4. **资金管理制度**　资金是企业的生命线，资金充足则企业健康，资金链断裂则企业破产。这项制度要规定企业资金的审核流向和管理权限，大宗对外投资需要中高层干部参与表决。除了股东投资留存的资金，企业的大部分资金都是全体员工额头流汗、辛勤劳动积攒下来的，对外每一笔投资都要谨慎。企业资金不是谁的私人财产，投资理财都必须公开透明。

5. 内部交易制度　这项制度是阿米巴经营特有的交易规则，在内部设立价格仲裁委员会，制定内部的交易标准、流程与协议书等，关键是要制定内部交易的相关细节。内部交易是内部阿米巴之间委托加工，所以内部购销协议书可以参考外部市场加工细则条款。

四、业绩制度

业绩制度就要在如何保证业绩达成的同时，赚取光明正大的利润。"君子爱财，取之有道"，经营企业是有经营底线的，所有违法违规、伤害社会与他人的营销行为都不可取。业绩制度要体现出利他哲学的制约之道，同时也要体现出企业对员工、对社会的真诚关爱之心。

1. 战略管理制度　所有业绩都源自战略目标，制定战略目标就是为了实现企业愿景，达成业绩就是为了梦想而战。战略目标的达成需要进行严谨的战略过程管理，这项制度的关键体现在对战略费用的过程管控上。攻打市场本质就是打费用，战略资金如期到位，战略过程管理才能到位。战略管理是在目标管理的基础上，增加费用和时间（效率）管理，对战略目标实施全方位管理。战略落地赢在执行，赢在细节，各个维度要讲清楚。

2. 经营计划制度　根据企业经营战略，达成业绩目标一定要有严谨细致的年度、月度和每日经营计划，计划完成要尽可能前置。各个阿米巴制订经营计划的截止时间节点定在什么时候，决定了企业整体经营计划的落地实施。这项制度要依据经营战略提前做布局，领导者要明确完成战略规划的时间，要从制度上明确各种经营计划的截止时间和经营目标。

3. 流程管理制度　流程管理管什么？就是要对每个流程节点进行有效的监控。为什么说流程要制度化？就是需要制度来监管流程。业绩成果固然重要，过程管理也很重要。

没有严格有序的过程管理，哪里会有精彩纷呈的经营结果？这就是阿米巴的自主经营。这项制度必须明确所有流程的监管原则和基本措施，违反流程操作和流程创新、优化升级的不同处理方式。制定流程管理制度，要针对每一条流程的个性和共性进行约定。

4. 业绩管理制度　阿米巴经营就是数字化管理，数字化管理实质上是核算表会计管理，核算表会计管理就是科目管理。科目管理属于过程管理，这是以结果为导向的达成率管理，达成率管理又叫达成余额管理，业绩管理是对业绩目标的余额过程管理。这项制度必须阐述清楚业绩分析报告会与业绩循环改善的关系，对销售业绩、生产业绩、经营费用和经营利益的余额管理，对财务发票和应收账款的计划余额管理，都要在制度上进行约定。

5. 业绩评价制度 根据组织定量、个人定性的原则进行业绩考评，对考评结果要进行分析。考核是为了培养人才，帮助员工进步。考核指标设定要遵循帮助员工提升技能的原则，结果好则更换考核指标，结果不好则帮助员工提升做好，这是对员工严格的爱。

可以有意识地考核帮助员工进步的考核点，考核要结合成功方程式的三个要素进行评价，评价级别以及分数的应用必须通过制度讲清楚。业绩评价制度要平衡业绩、激励和成长三者的关系，要体现企业的关爱之心，要让阿米巴组织和员工在评价以后得到成长。

以上都是制定企业经营管理制度的操作方法，内容要根据每个企业具体问题具体分析，由各个企业的员工代表一起研讨确定。机制决定人心，要群策群力，完善制度。

第三节　企业流程制度化的逻辑

《稻盛经营学落地操作手册》中的这十二个板块彼此之间有着密切关联，按照"一生二，二生三，三生万物"的逻辑进行推演，道法自然，它们是符合逻辑规律关联的。哲学通过理念、使命、愿景、战略、组织、流程固化于制度，制度自然是节制有度，凡事讲求适可而止。

业务流程也一样，不可以无限度地细分，因人而异，流程整体要求是一样的，细节却是因人而异，实事求是。这就是科学的逻辑，不是为了流程而流程，也不是为了制度而制度，一切讲求自然而然，顺势而为。流程落地制度化全部都符合企业经营的逻辑。

流程后面为什么是制度呢？因为流程是执行的过程，制度是结果的保障，所以两者相辅相成，宛如浑然天成之物。流程内容是很多的，制度内容也可以很多。不过，不是所有事情都需要制定流程，所以也不需要把所有常识都写进制度。

　　我们在这里只需要聚焦关注有助于提升企业经营利润的流程制度，而且一定要把员工的灵魂注入流程制度，只有流淌着爱的流程制度才会有生命力。流程每个月都需要优化升级，制度也要同步跟进，两者必须与时俱进，每个月都要优化升级，这样的流程制度就可以齐头并进了。制度维护必须有奖惩，流程执行自然就有保障。

　　流程与制度的逻辑一向都不是从属关系，而是互补关系，流程制度之间一定要互相对应搭配，遥相呼应。每一项流程都要有相对应的制度进行保障，不管是哲学制度、人事制度、会计制度还是业绩制度，都是为了保证相对应的会议流程、组织流程、核算流程和考评流程等的顺利执行而制定的，每一项流程都要受制度约束。

　　每一项制度的条文不需要太多，一般控制在三到八条就可以，尽可能精简，条文太多不方便推广与执行，最后就起不到制度对流程的保障作用了。因为流程制度条文种类繁多，不需要每一条都写出来，所以有些制度是一项监督多项流程，制度条文整体比流程条文少。流程制度都是为了创造经营利润而设，适用就是硬道理。

　　流程制度虽然是互补关系，但在制定的时候，不一定全部都条文化与文字化，很多日常的工作流程不需要写进企业流程手册，也不需要制作流程走向图，常识性的工作按照习惯进行即可。我们提炼的流程主要是以产生业务的项目流程为主，以创造利润的流程为根本，部门流程为次，事业部流程为辅，其他流程可以不制作上墙。

制度不一定与流程手册内容的每项流程一一对应出现，而是涉及方方面面的业务内容，部分制度内容在工作中虽然出现对流程的监管，这些流程却不一定都出现在流程手册里面。例如平时开会有会议流程，也有相关制度条文，却不一定都要写进流程手册。所以说，流程与制度虽然互为补充，却不需要在文件形式上一一对应。

流程落地制度化不是简单的文字化落地，要把握好流程与制度两者的互补关系，通过制度设定来保障流程的顺利执行。在思考、研讨和确定每一项制度条款的时候，要结合具体业务流程的内容，看看这项制度对相应的流程执行有什么帮助；在日常工作磨合的过程中，可不可以做出某些优化。这是它们两者之间的互补逻辑。

传统企业管理一般是流程管理和制度管理的结合，它们是对业务整体管理的把握。当今已经进入数字互联网时代，没有数字化的企业管理已经无法适应社会的发展。

阿米巴经营模式是一套数字化管理模式，凡事都要讲求证据，企业经营最好的证据就是数据。流程制度化也需要数据：现场操作的次数、流程效果差异的次数和经营数字差异大小等。我们优化升级流程制度不能完全凭感觉，现场操作记录下来的数据也很重要。

通过多维度数据进行对比，这些数据差异就是流程制度优化的依据，所以做好工作日志的现场数据记录很重要，最好是坚持做现场数据记录的同时，形成自己企业的管理数据库，这是数据化管理的基础。互联网只是充当即时沟通交流的平台，阿米巴经营数据都是由现场员工记录并自行制作报表的，数字化管理更需要现场及时、快速和真实的原始数据。

流程落地制度化、哲学落地制度化、企业经营管理制度的制定都要贯通哲学思想，落脚点就是企业哲学。在思考每一条制度内容的时候，时刻与企业哲学内容联系起来思考：

制定这个制度的目的和意义是什么？

这个制度的文字描述符合企业哲学思想和价值观吗？

我们的判断基准是什么？

哲学落地制度化就是把全体员工共有的企业哲学和战略方针政策反映在制度上。

制度如何确保组织授权？

制度如何明确组织职能和责任？

制度如何保障业务流程的执行落地？

制度如何保障核算效益？

制度如何保障利益共享？

……

制度如此重要，我们要确保所有经营数据都可以真实地反映企业经营的实际状况，所以经营管理制度务必回归事物的本质，使复杂的问题简单化，所有员工都可以准确地把握企业经营的实际状况。制度是为企业发展保驾护航的，一定要做到对于整个公司都是公开、公平和公正的。领导者只有把权力关在制度这个笼子里，才能保证企业的稳健经营。

每个企业的流程制度都有不一样的呈现方式，所以这里所描述的流程制度只是一个框架，具体内容需要经营管理部组织中高层干部进行研讨确定。在制度研讨的过程中，经营管理部要时刻把控住企业哲学的底线，确保所有制度内容都能符合企业哲学思想和价值观。

员工最关心的薪酬制度要公开、公平和公正，个人薪酬要做好数字保密，制度内容却要全部公开，甚至由中高层干部或者员工代表来确定薪酬制度内容。对于有争议的内容每个月都可以研讨、优化和升级，企业制度就是反映哲学思想的，始终都要保持初心不变。

确保企业制度实施的辅助文件都要统一格式，比如授权书、内部交易协议书和各种管理表格等。企业制度不是惩罚工具，而是体现企业对员工的关爱之心，保护员工不要犯错，所以制度成功实施的关键不是员工有多听话，而是员工对制度本身有多支持和拥护。

在企业制度进行优化的时候，一定要虚心听取员工们的意见，再进行认真的研讨，逐步对制度进行修改完善。流程实施的同时也是制度的实施，流程优化升级的同时也是制度优化升级。企业全体中高层干部一起制定一套严格的经营管理制度，才能体现出企业对员工幸福成长的关爱之心。流程制度具有个性化特征，每个企业都要根据自己的实际来制定。

流程落地制度化操作要点

1. 制定企业经营管理制度
2. 确定企业薪酬激励制度

第八章

企业制度落地标准化

第一节　制定标准的重要性

企业制度是用来确定节制的程度，及时警醒相关员工遵守，可是究竟几分为好，几分为不好？需要确定标准才能在现场执行到位，做到不偏不倚、公平公正。制度落地标准化就需要对每一条制度进行细化，让企业管理制度真正起到保驾护航的作用。

用"作为人，何谓正确？"判断，每一条制度内容是否符合企业哲学理念的原理原则？如何指导员工的行为准则？如何保障流程的正确执行？判断基准需要将道德观、伦理观、善恶观和是非观进行多维度结合，制度落地才能标准化。设定制度标准化的内容主要是参考制度执行对象能否做到，做到什么程度为合适，是否方便制度奖惩的执行，执行标准考虑越全面越好。

不管是企业流程还是制度，要正确执行到不偏不倚、客观公正，如果没有制定相关执行标准，那是不可想象的，或者说是不可能做到的。可见制定标准的重要性，没有执行标准，就等于没有规矩不成方圆，写得再好的制度条文也难以自圆其说，最后都难以落地。

为什么有些企业的管理制度一大堆，出了问题都是归咎于制度没有执行到位？那是因为这些制度缺乏执行标准，企业员工根本就无从执行。在企业日常运行的过程中，也不知道要针对哪些行为进行约束，这是制度落地标准化的难点，也是制定标准的重要性所在。

从业务流程开始到管理制度，都需要标准化，就是要告诉大家怎么做。流程制度是为了创造经营利润而制定的，只有员工知道怎么做，才能为创造经营利润做贡献。由虚转实就是要把制度的文字内容标准化，让大家少走弯路，直接做正确的事情，而不是左转右拐绕弯子。把制度标准化就能化繁为简，可以直达经营本质，让稻盛经营学更好落地。

第二节　企业制度落地要标准化

制度落地标准化很重要，如何进行标准化落地操作更重要。稻盛经营学是包含思维方式和方法论的，梦想总需要方法论去实现，这些都是事物的一体两面。制度落地标准化的具体操作方式方法，就是通过明确标准来实现制度落地，不要把它们截然分开。

第一步是我们要对制度执行效果有一个理性的认知。这就要以结果为导向，制定某一项制度，它所追求的执行效果肯定是为了保证业务工作某一项流程步骤的顺利完成。那么如何保证呢？这是一个理性的认知，目标决定制度标准高低，制度必须执行到某种程度，业务流程才可以顺利完成；制度如果没有执行到某种程度，或者违反了制度，业务流程就无法完成。

业务流程是一个庞大而完整的系统，其中的一步流程往往会牵一发而动全身，一个地方做不好，就会影响到整个业务的完成。所以，对企业制度的遵守是每一位员工的义务和责任，一旦违反制度，就会给企业带来损失。制定制度必然有奖惩，奖惩标准由员工决定。

第二步是我们要对制度执行效果进行百分比的评估。做到百分之几可以接受？做到百分之几为优秀？低于百分之几就算执行不力？低于百分之几就是违反制度？如果没有科学的评估，就无法设定合理的操作标准。在企业的不同发展阶段，这些操作标准都会有变化。这种评估在日常的制度执行过程中，每个月都要结合企业经营的实际情况进行优化升级。

经过长时间的现场评估，我们评估出来的标准就会越来越接近最好的效果。这种落地效果评估是动态的，标准制定也是动态的，所以每个月都要结合流程进行同步的优化。流程升级，制度跟着升级，标准也会升级，它们三者是同步优化与升级的，评估标准也要同步。

第三步是我们要对制度评估结果进行标准化的设定。按照管理制度做得好的如何奖励？违反制度的如何惩罚？这些标准还是要设定清楚的。奖惩制度要设定得比较人性化，一般企业都可以参考并适当增减，关键是奖惩都要以书面报告（或表格）为标准。

一、奖励制度

根据三三制原则，同级奖励三次等同于高一级奖励一次。

1. 口头表扬；

2. 书面表扬；

3. 官网表扬；

4. 会议表彰；

5. 升职升级。

二、惩罚制度

根据三三制原则，同级惩罚三次等同于高一级惩罚一次。

1. 哲学诵读；

2. 口头警告；

3. 书面警告；

4. 降职降级；

5. 解聘辞退。

标准化设定主要是针对落地执行的现场如何去把握，所以整个标准的讨论过程非常重要。为什么制定一项新的法律法规要耗时那么长？这跟制定企业管理制度的思维方式几乎一样，一般也要耗时几个月才能完成，因为把制度逐项进行标准化所要花费的时间比较多。

标准跟制度一样，基本上没有什么十全十美的，刚开始先设定一个初稿，讨论完成以后，不要奢望文字功底好就能堆砌一版完美的标准。这是没有用的，必须拿到现场试用，三个月以后再进行大幅度的修改，然后每个月不断地优化。一年以后，这些标准磨合得差不多了，标准设定才能暂告一段落。流程、制度和标准的操作方式都一样，一定要优化升级。

第三节　标准化的能力配置

　　流程落地制度化、制度落地标准化，做起来却不是随随便便就能落地的，任何一项工作落地都需要具备专业的技能技巧，企业的员工都具备了哪些能力？如果不达标，我们又应该如何培养他们？员工的价值观和行为准则是否符合企业要求？他们清不清楚自己工作岗位需要承担哪些责任？他们需要具备哪些专业能力和任职资格？他们的岗位有哪些权力？如果员工连需要具备哪些能力都不知道，标准化落地执行就是一句无法落地的空话。

　　流程制度标准化的制定相对容易，可是现场由谁去执行呢？这些员工有能力执行落地吗？员工的能力不是天生的，普遍都需要企业有针对性地培养，关键是组织领导者懂得如何培养员工。标准化的设定有利于把事情做好，也便于考核评价，对各类人才的培养更有帮助。员工的专业能力和通用能力如何有效配置？这与员工的岗位职责有关。

员工的岗位职责是哲学落地的驱动器，从哲学到标准化落地，需要一群尽职尽责的员工。现在的问题是很多企业的员工职责不清晰、任职资格不清晰、授权不清晰，员工需要配置的专业能力或者通用能力事项更不清晰，人才培养更无从谈起。所以，对员工岗位职责的描述、工作内容和工作能力的定性非常重要，这些内容关系到流程制度和标准的落地操作。企业的流程制度需要与员工的岗位职责相匹配，企业的人才培养也需要明确员工的岗位职责。

1. 职务岗位职责

首先要清晰表达员工任职的岗位名称、所属部门、直接上司和直接下属，因为涉及日后的考核评价。其次是价值观和行为准则的明确。不管哪个岗位，都要明确这两项。如果价值观与企业不一致，就不需要看他的岗位能力了。员工的个人档案资料要与职务岗位职责的信息相符，员工职业发展规划要参考晋升通道的岗位职责信息描述。

2. 岗位职责承担

从员工任职岗位的业务流程出发，逐条梳理该岗位所负责的所有事项，包括人才招聘、培养与考核评价等。在阿米巴经营体系，所有岗位的员工不管是直接或者间接都要对企业的经营利润负责，所以岗位职责的内容里面务必要包含员工本职工作是如何为创造利润服务的，简要描述清楚，核算与非核算阿米巴都一样，人人都是经营者。

3. 员工能力

员工能力分为专业能力和通用能力，即要胜任本职岗位需具备的专业能力以及人际交往中需具备的沟通协调等通用能力。能力不分大小，只有强弱，阿米巴经营讲求实力主义。一切以结果为导向，能者上，能力不足允许继续培养，可以针对某项能力对员工进行培养。对于工作岗位来说，专业能力还是比通用能力重要，因此专业能力必须过关。

4. 充分授权

企业管理讲究责权对等，责任承担大的员工，企业对他的授权也会加大。至于授予什么权力，权力有多大，那就要看这个岗位承担什么责任，责任有多大，这样才能对等。权力不是越大越好，权力是为责任服务的，只要能完成任务，适当的权力就可以了。授予各个阿米巴长的经营决策权是最高权力，关键是阿米巴长有没有足够能力承担责任。

5. 任职资格

企业有很多岗位是需要资格证书的，比如财务部门的会计岗位，就要持有国家认可的初中高级的会计师证。有不少岗位对身体健康也有严格要求，比如餐饮行业现场员工都需要持健康证上岗。阿米巴经营不讲学历，只讲实力。任何一位员工放在对的地方都是人才，所以需要把合适的人放到合适的岗位上。对于不符合任职资格的员工，绝对不允许上岗。

第四节　企业标准化制度的应用

　　制度落地的标准化主要就是应用到制度管理上。如何运用企业制度进行管理？这就涉及标准化的应用了。制度标准化之后，既可以应用到制度执行和流程保障，也可以应用到组织考评和个人考评。缺乏标准的流程制度都不好用，那是因为执行缺乏依据。

　　阿米巴经营体系的业绩评价制度是为了帮助阿米巴组织和员工成长而考核，所有的考核指标都由被考核者自己确定，原则上是哪个指标做得不好就考核哪个指标，让被考核组织和员工关注当月的考核指标，经营管理部门帮助和配合他们努力提升，考核没有过关的指标就继续考核努力提升。所以，由员工自己确定的考核指标，没有人不心服口服支持的。

　　考核指标做到哪个程度打多少分，做不到哪个程度扣多少分，这个标准必须由考核者和被考核者一起讨论确定，领导者不能以权压人，要怀抱关爱下属之心共同探讨。考核标准确定以后，各项指标的评分权重就由领导者自己决定了。从人才培养的角度出发，当月着重培养哪一项，该项的评分权重就占比高一点，反之则低一点，标准落地需要数字化。

不管是组织考核还是个人考核，考核指标都不要超过六个，一般设定三到五个比较合适。核算与非核算阿米巴不一样，领导者与一线员工也不一样，必须具体问题具体分析。

制度落地标准化是指制度执行的标准化，标准化有利于复制、执行和人才培养；标准化以后所有的员工去执行都一样，标准化以后的制度应用会更加广泛和有效。

标准化的制定要从这三方面去考虑：每一段文字要怎么执行才不会走偏？每一条制度要怎么解读才不会被误解？每一条标准要从哪个维度描述才会更清晰？当然，不管你怎么全面考虑，标准的描述还是会百密而有一疏的；出现漏洞是正常的，也不要因噎废食，只要定期进行标准优化就可以。没有标准是完美的，优化以后会变得越来越接近完美。

做事情要尽可能追求完美，却不能等到完美以后再去实施。制度是制约有度，执行实施要适可而止，千万不要走极端。个别领导者比较偏激，说要追求完美，工作却变得缩手缩脚，什么事情都不敢去做。没有一哪有二？没有开始哪有完美？完美结果不是闭门造车做出来的，而是经过年年月月的无数次现场实践逐步完善起来的，制度标准也要这样才能完善。

制度落地标准化操作要点

1. 设定企业制度各项标准

2. 制定员工各个岗位职责（参考附录表格七）

微信扫一扫即可获取附录

第九章

标准落地数字化

第一节　标准落地数字化的本质

　　流程、制度和标准是一种文字化的描述，由于文字解读博大精深，文字标准落地会导致多种结果，口径难以统一。标准如果过于主观解读，就会千人千面，而不是千人一面，执行的时候容易各执一词，结果难以服众，所以，标准最好还是要客观解读。世界上什么是不会骗人的？数字，数字是客观的存在，数字是最不会骗人的东西。别人填的数字你可以不相信，如果数字是由你自己确定并填进去的，那就可以深信不疑了。

　　阿米巴经营的标准数字化是由员工一起讨论来确定的，所以，那是员工最信任的数字。先民主讨论，最后集中决策确定，这些都是员工心目中的数字。数字化是将文字量化的工具，标准落地数字化就是通过数字化实现标准条款的现场落地。

　　不管文字还是数字，在企业经营过程中，都是企业经营信息，文字信息属于定性的信息，数字信息属于定量的信息。标准落地数字化就是要把定性的信息转换成定量的信息，以达到表述无误、执行无误的结果。企业内的所有工作都可以运用数字来表述，不过平时大家喜欢使用文字来表达而已，这种含糊不清的文字表达方式很容易让人逃避经营责任。

文字表达属于主观解读，容易让人做出错误判断，所以这种方式对于现代企业管理来说非常低效。为了提升企业经营管理水平，数字化经营已经是必由之路，经营信息数字化更是大势所趋。经营标准数字化是稻盛经营学落地的切入点，能实现哲学思想的数字化。

标准落地数字化要结合阿米巴经营会计的核算表来思考，因为所有的经营数字本质上都是要为经营利润服务的。不管是核算阿米巴的经营数字，还是非核算阿米巴的经营数字，所有经营行为都要实现标准数字化，所有经营行为都要围绕经营利润来展开工作。

经营数字的背后是什么呢？这些数字背后就是人心，经营企业就是经营人心，经营人心就要经营数字。数字是人心的呈现物，人心决定数字的变化。哲学落地到企业，一定要通过经营数字体现出来。导入稻盛经营学本质上就要从经营数字切入，这就是以术入道。

第二节　经营数字化的关联指标

　　企业制定所有的标准都用于创造利润，企业经营所有的数字都要为提升核算效益服务。企业的数字化经营主要集中在销售最大化、费用最小化和时间最短化三个板块，利润等于收入减去费用。如果说企业经营所有的经营行为都围绕着经营利润展开，那么实际上就是围绕着这三个板块展开所有的经营行为。那么，标准数字化就是围绕着收入、费用和时间三个板块进行数字化经营，先把经营行为的各项工作标准化，同时再把这些标准数字化。

　　经营活动的标准数字化，实际上都是经营收入、费用和时间三项指标数字化的呈现物。与经营收入、费用和时间相关联的经营指标有很多，客户数量、客单价和库存周转率等经营数字都是标准化的产物。如何提升这些经营数字？如何持续提升经营效益？如何展开数字化经营的落地操作？提升经营数字，就要全力提升与它们相关联的各项指标数字。

一、收入数字化从顾客需求信息数字化开始

有了市场需求数据，就可以展开营销渠道信息数字化，不断地拓展适合企业发展的营销渠道。然后就是商品结构数字化，从满足顾客需求点入手，为顾客提供质优价廉的高性价比商品。最后是为顾客提供多方共赢的商品单价，追求最大的销售数量，结果是销售额最大化，这些都是收入数字化的关联指标。

收入数字化不仅有销售定性指标的数字化，还有定量指标的数字化。企业经营需要开源节流，却不能因为要节省经费而缩减营销费用，必须开源在前、节流在后。销售最大化的同时再追求费用最小化，以销售额的关联指标数字化为基础，实现利润最大化。

二、费用数字化有直接费用数字化和间接费用数字化两种

与销售额成正比例直接发生的变动费用数字化，与销售额不成正比例间接发生的固定费用数字化，这些费用标准数字化方便于经营决策层的数字化经营。不过，费用数字化的数据采集有一定困难，因为各种费用的产生方式和时间节点的口径不好统一，所以统一口径是费用数字化的基本条件。

如何把已经产生的各种费用合理地归集到核算表中？让核算与非核算部门的经营行为都可以实现数字化，让企业领导者都可以进行可视化经营。所以，数字化经营越简单越好，数据采集也是越简单越好。不管是经营费用还是关联费用，只要是

大家口径统一，又可以真实、及时统计出来的数据就可以了。要把复杂的问题简单化，费用数字化追求简单。

三、时间数字化也是经营数字化的关键一点

很多时候组织机构臃肿，工作效率低下，都是因为工作时间没有真正做到数字化。同一件事情，你花费多长时间完成，别的同事花费多长时间完成，一对比就让人看到所有经营的真相了。不比较不知道，一比较真的吓你一跳。员工为什么经常加班？员工为什么总是感觉很累？这些现象都是工作效率问题。

时间数字化以后，通过加强内部沟通就能有效解决这些问题。内部支援、帮忙做事可以不计报酬，只需要部门之间转移增援时间的利他主义奉献精神，这些利他行为的数字化就是稻盛经营学落地的明显特征。数字就是经营，稻盛经营学落地必须经营数字化。

第三节　经营数字化的目的意义

从表现形式来看，稻盛经营学通过数字化落地已经能实现。如果仅仅是看落地效果，做到这里的效果也是不错的，但是经营都要讲求科学性、进步性和贡献度，因此这些数字的呈现方式还是缺乏系统。销售数字出来了，费用数字出来了，利润数字出来了，时间数字出来了，效率数字出来了，有这些就满足了吗？我们要明确经营数字化的目的和意义。

阿米巴经营追求现场、高效和简单管理，标准数字化还需要对这些数据进行科学整理、分析和活用。让现场工作的一线员工可以更加轻松地把握好经营现状，从而可以快乐和高效地工作。把这些经营数据做成企业的经营系统，可以继续追求经营收益最大化。

经营企业就是经营人心，经营数字化就是把经营现状看得更加清楚透彻。有了这些数据，每个阿米巴组织的领导者就像看着导航仪来开车一样经营自己的阿米巴，内心一定会更加有把握，经营起来也变得游刃有余。知己知彼，百战百胜，因此经营数字化非常重要。

人心是世界上最难捉摸的东西，可是人心一定会转换成行为，行为一定会转换成数字。眼睛是心灵的窗户，数字是人心的窗户。如果你看着自己亲手创造的经营数字，不管是谁都无法无动于衷，所以，数字是可以改变人心的。有些人或许可以自欺欺人，却无法欺骗自己创造的经营数据，数字是大自然最客观的一种存在，经营数字化可以激活人心。

经营数字化还是希望通过玻璃般透明的经营信息共享来促进经营收益的最大化，而创造高收益的最终目的也是实现企业全体员工物质和精神两方面的幸福。经营标准数字化，对企业发展一定是有利无害。标准落地数字化是必然的，企业经营需要数字化。

经营数字化就是经营真相的呈现，很多人都是不到黄河心不死、不见棺材不掉泪，道理讲得再多，道理再怎么浅显易懂，他们还是一副不以为然的态度。只有看到真相，他们才会幡然醒悟，才会积极主动地做出改变。只有实施标准落地数字化，员工的热情才会燃烧起来。

标准落地数字化操作要点

1. 把标准化的文字内容数字化

2. 正确区分定性和定量数字化

第十章

数字落地表格化

第一节　数字需要表格化的原因

经营信息如果没有分门别类地收集起来，那就是碎片化信息，与垃圾信息区别不大。因为不会运用，经营数字化信息就会造成大量浪费。每年因为经营信息的浪费造成内外经营信息不对称所带来的损失，起码会蚕食企业经营一半的利润，浪费现象可谓触目惊心。

经营信息可以分为定性和定量，员工满意度和顾客满意度、市场需求信息调研和产品供求信息调研、产品制造不良品率和销售库存周转率等，这些经营信息如何有效利用？对企业经营有什么直接的帮助？现在每个企业每天都有一大堆经营数字产生，关键是这些数字有什么用？这些数字需要怎么用？事实上，这些经营数字需要设计分门别类的表格。

不管财务表格、人力资源表格、生产表格还是营销表格，只有对企业经营信息进行科学的分门别类，才能大大提升人类的企业经营管理水平。没有数字表格化，就没有今天互联网的飞速发展，专业表格提升了数字化管理效率，所以，经营数字落地需要表格化。

生活上我们实行垃圾分类，全国各地都设计了精致的分类垃圾桶，方便老百姓投放，实现绿色环保的垃圾处理。而很多企业的工作信息却还没有实现"垃圾分类"，因为没有对应的"垃圾桶"存放，所以企业简直遍地"垃圾"。经营信息垃圾化就是经营浪费的根源。

很多数字化工作信息都是有用的，只是员工不会使用就当垃圾处理了。比如说财务信息，很多都根本没有用到经营上来，做完报表就束之高阁了。收集经营信息的分类"垃圾桶"就是经营表格，经过设计的专业经营表格可以收集到所有的经营信息，那些会使用这些信息的企业能把它们统统变成利润。数字落地表格化，就是让你把利润装进表格。

第二节　经营表格的设计原理

企业经营本质是追求创造高利润而展开的一系列经营活动，所有科学合理的经营信息都必须围绕创造经营利润而产生。与利润直接关联的收入、费用和时间三个因素是经营表格设计的三个核心点，所有企业经营表格都直接或者间接与这三个经营要素有关。

经营表格设计要如何进行落地操作？一般企业的表格设计对收入的提升、费用的控制、时间效率的提高有帮助吗？这些问题都是领导者在进行数学落地表格时，常会疑惑的问题。简而言之，领导者要明确为创造企业高利润服务是经营表格设计的基本原则。

表格设计实质上是一种坐标思维，把信息按照某种维度进行区间板块的分门别类。表格坐标有平面坐标和立体坐标，有一维坐标和多维坐标。基本设计原理就是数字信息的横坐标和纵坐标排列，虽然横坐标与纵坐标数字信息处于不同维度，但是它们的信息交叉却会呈现同一个数字信息，这是二进制的信息化处理，相当于 0 和 1 "比率"交叉，产生一个独一无二的数字信息，表格内部各个数字信息之间是区块链的关系，牵一发而动全身。

如果表格的数据像玻璃般透明进行数据共享，这相当于区块链数据的关联应用，它可以直接推动经营利润的提升。表格设计是根据经营需要而对经营数字进行有序排列，这是表格的坐标设计原理。表格没有固定的格式，只有表格设计原理，要用原理指导表格设计。

经营表格一般分为定性表格和定量表格，定性表格是指普通的管理表格，定量表格是指会计报表专用的表格。关于定性和定量有很多种理解，在阿米巴经营体系里，定性统一解读为管理信息，定量统一解读为经营信息；管理针对"事和物"，经营针对"人"。

定性表格在没有进行数字化之前，都是按照主次先后顺序进行文字信息排列。部分定性表格也会按照姓名横坐标与事项纵坐标的方式设计，姓名与事项坐标方向相反也可以。定量表格则比较有规律，因为横轴和纵轴分别是时间轴和空间轴，反过来也可以，所以科目设计一般按照时间周期和空间事项安排，关键还是要结合创造经营利润来思考问题。

创造经营利润是一个永恒的话题，围绕着创造经营利润思考我们需要哪些表格？有利于我们提升经营利润的表格需要多少？我们设计这样的表格，是以利润为导向的思维。过去、现在和未来的时间周期设计，究竟是为了两个周期的差异数据对比，还是同一个周期的环比或者同比数据对比？空间事项设计的每一个科目可控吗？要设计多少级别为好？这些问题都需要考虑进去。

因为横坐标与纵坐标是井字形交叉设计，时间可以出现总时间与分时间的纵横交叉表格，事项也可以出现大事项与小事项的纵横交叉表格，这些设计是根据经营信息分类利用的需要而设计，没有什么不可以。表格设计只有好不好用、能不能产生利润的要求，没有行不行的说法，八仙过海各显神通，经过实践的洗礼，优秀的设计总会被大多数人接受。

经营表格没有一成不变的，不同企业、不同时期或者不同发展阶段，经营表格都会有所变化。我们要与时俱进，设计最适合企业使用的经营表格。要想把表格设计好，必须遵守经营表格设计的原理原则，以现场实用为先。表格是为了好用，不是为了好看，而且要符合企业经营理念。所以，表格的设计原理一定是简单直接、一目了然，最好是可以傻瓜式操作，一看就会用。

第三节　阿米巴经营表格的制作

阿米巴经营体系的表格比较多，不过整体都是围绕"单位时间核算表"展开的设计。单位时间核算表只有一张表格，只是因为使用者不一样，它会分成几大类表格。

从时间维度设计的话，单位时间核算表分为每日核算表、月度核算表和年度核算表。

从组织维度设计的话，单位时间核算表有基层阿米巴核算表和中高层阿米巴核算表。

虽然设计原理都一样，表格的使用方法却很不一样，有单点表格数据分析，有横向表格数据分析，还有整体全面表格数据分析。为了表格设计制作和后期使用方便，要求一表通用。关于阿米巴经营表格的设计制作，我们究竟要如何进入实际的落地操作呢？

设计的科目在日后是需要进行科目管理的，所以，设计科目的同时一定要思考如何提高销售额，如何降低经营费用，如何缩短工作时间，然后再确定核算表各个科目内容。

一、基层阿米巴每日核算表

这是所有阿米巴经营表格的基础表格，有了每日核算表，才会有月度核算表；有了月度核算表，才会有年度核算表。所以，每日核算表的设计很重要。因为思维方式的关系，所有阿米巴核算表的格式都是一样的，只是二级或者三级科目不一样。每一个科目设计都要以科目管理需求为导向，尽可能多设计一些可控的、能够驱动业绩提升的核算科目，核算表的科目设计一定要指向如何提升利润，又要便于现场科目管理。

1.横坐标设计包括：项目（也叫事项科目）、计算公式（关联指标算法）、预定业绩、实际业绩和差异分析（实际业绩减去预定业绩）五个指标，每个核算表都是这种固定格式。

2.纵坐标设计包括销售额、经营费用、结算收益、投入人员、总时间、单位时间产值和单位时间附加价值七个指标，二级科目都一样，三级科目根据企业的实际情况设计。

3.销售额包括外部销售、内部销售、内部购买、净销售合计和月度销售累计，这些二级科目都是核算阿米巴才有的，非核算阿米巴不需要设计这些科目，可以做隐藏设置。

4.经营费用分为变动费和固定费，这是企业日常经营支出的费用，不包含劳务费。按照稻盛哲学的解读，经费最小化不包含劳务费，企业要追求员工的高收入和物质幸福。

核算阿米巴的变动费用是指与销售额成正比例发生的经营

费用，相反，固定费用是指与销售额不成正比例发生的经营费用。非核算阿米巴的变动费用根据谁使用谁负责的原则，单独为某一个核算阿米巴经手支出的费用，这笔费用当天就要转移给指定核算阿米巴来承担；非核算阿米巴的固定费用是由自己部门经手支出使用的费用，这笔费用可以在月底最后一天一次性按照事前约定的标准分摊给同级所有核算阿米巴。

核算阿米巴与非核算阿米巴的核算科目不一样，变动费用和固定费用名称一样用法却不一样，科目管理方式更不一样，两者一定要区别清楚。

5. 核算阿米巴的固定费用包括后勤公共费用的分摊，经过各个层级分摊，所有基层核算阿米巴都要按照比例承担后勤部门的费用。核算阿米巴的总时间也包括后勤部门的时间分摊，这些科目都会直接影响核算阿米巴的单位时间附加价值。

核算阿米巴有责任监管后勤部门的费用支出。这些非核算阿米巴属于服务部门，他们的所有日常费用其实都是由基层核算阿米巴支付的；这些后勤员工应该怀抱感恩之心把核算阿米巴服务好，要主动节省经营费用，间接帮助核算阿米巴创造经营利润。

二、基层阿米巴月度核算表

这张表在每日核算表的基础上，增加"劳务费"这个科目。由于"结算收益"这个科目包括劳务费、税金和利润三部分，所以结算收益减去劳务费就是核算阿米巴的月度经营利益，相当于核算阿米巴当月的税前利润。经营利益包括税金和利润，每个核算阿米巴都要保证完成所属经营利益的战略目标。

每个核算阿米巴都要以持续提升自己的单位时间附加价值作为核心工作目标，因为企业不仅仅要提升利润，还要提升员工们的劳务费，更要提升为国家缴纳的税金，这样才能真正为世人为社会做出自己应有的贡献。敬天爱人、知行合一，努力提升阿米巴附加值。

月度核算表主要是用来做业绩分析的，科目会比每日核算表更加细致，特别是销售占比，对于变动费用的百分比分析作用比较大。企业的变动费用金额花得越多越好，变动费率却是越低越好，变动费用不是要控制金额，而是要控制费率。

1. 月度核算表的难点主要是月度盈亏平衡点的计算和运用，这个指标可以起到激励团队士气的作用。所以，月度盈亏平衡销售额、达成时间节点和安全预警级别这些数字，必须让全体阿米巴成员晨会背诵。盈亏平衡销售额＝（固定费用＋劳务费用）/ 边际利益率（此公式为作者在进行核算时的专用公式。——编者注），只要在月度核算表的底部（表外）事先设好公式就行，数据会自动生成。每个月都要将预定时间、金额与实际发生的数字进行对比，找出数据差异的原因。

2. 达成盈亏平衡销售额关键是提升边际利益率，提升边际贡献率关键是降低变动费用率，那就回到每日核算表的变动费用科目设计上。对于企业销售额来说，变动费用花得越多就会产生更多的销售额，可是变动费率不降低，企业就赚不到钱，因此一定要严控变动费率。阿米巴成员对盈亏有危机感，大家才会关注盈亏平衡销售额，同时才会全力控制变动费率。

3. 年度销售额累计、年度结算收益累计和年度经营利益累计，这三个指标是月度核算表的战略目标，稻盛经营学能否顺利落地，跟这三个指标有着直接的关系。业绩年度累计数字是余额管理的关键数字，也是战略目标达成的窗口数字。

4. 企业营业税、增值税和企业所得税都要做经营费用的支出处理，月度结算收益是减去上一个税期已经缴纳的所有税款之后的利润结余。结算收益相当于经营毛利，还不是真正的可支配利润，只有财务净利润才能作为内部留存进行储备。只有实现企业丰厚的内部留存，才能增强企业的稳健性和信赖性，还能确保员工的就业。

国家营改增税务改革以后，财务增值税一般是价税分离，销售收入只填写单价收入部分，增值税作税务上缴处理。由于一般纳税人存在增值税专项成本扣除冲抵，所以实际税务成本没有那么高。根据阿米巴收付实现制的发生主义，销售额不能只填单价收入金额，销售额要以收到顾客的实际金额来计算，后期再以每个季度实际缴税金额作为经营费用支出。

三、中高层阿米巴核算表

不管是每日核算表，还是月度核算表，同一个级别的阿米巴都需要进行合并表格处理。下一级阿米巴合并到上一级阿米巴，只能合并同一级别相同科目，一般是二级科目的合计数。基层阿米巴合并到中层阿米巴，中层阿米巴合并到高层阿米巴。基层只有一层，高层只有一层，中层可能有若干层（包括零层），企业要根据具体情况进行划分。中高层阿米巴核算表的数据是层层合并上来的，缺一不可，这样无形中实现了行动共有。

1.各个一级指标数据的二级科目由所属阿米巴组织名称构成，核算表设计制作非常简单。从中高层领导者的管理需求来说，从森林到树木，他们总是要先看到森林的整体性，有必要的话，再查看各棵树木的局部性。领导者一般不需要看太多经营细节，只要整体经营数据正常，领导者就可以抓大放小，抓住关键大数据，快速做出决策，除非有问题才需要了解。

2.中高层阿米巴核算表主要看属下各个阿米巴在各个科目的占比，表格设计制作的时候，除了要看各个科目的销售额占比之外，还要看各个阿米巴对上一级阿米巴所做出的贡献值。因为阿米巴核算表数据很多都是经过切割以后的虚拟数字，经过合并表格以后的整体数据，贡献值看得更清晰。而经营不善的下级阿米巴，领导者需要到现场了解情况并提供帮助。

3.战略目标的达成率要看各个指标的达成率，中高层阿米巴核算表的年度累计数更接近企业整体经营数字。通过合并报表，企业层级的年度累计达成率几乎可以一目了然。阿米巴核算表与财务报表的数据也需要对比，除了时间差，原则上数据是保持一致的。差距在哪里？各个部门的数据如何协调？通过表格化的各项数据对比分析，领导者一定可以明白。

第四节　数字表格化的未来之路

经营者不能活在当下，而要活在未来。不知不觉间，未来已来，数字表格化的未来之路如何？今天的路是昨天的选择，未来的路是今天的选择。今天选择得过且过，还是选择规划未来？未来需要规划，战略需要规划。年度预定需要计划，月度预定需要计划，每日预定也需要计划。数字表格化的未来之路在于企业对未来的规划能力，预则立，不预则废。

1. 企业确定战略定位以后，要进行战略布局。战略布局完成以后，要进行战略规划企业的未来之路。战略规划一定会产生战略投入的战略费用，战略费用数字表格化，就会呈现出各个阶段的战略预算。人才投入多少？研发投入多少？生产加库存投入多少？营销、广告、推广和促销投入多少？物流基础设施投入多少？在这一连串的战略思考中，探寻未来之路。

2. 企业经营者要活在未来，领导者要活在未来，全体员工

191

都要活在未来。未来战略目标一旦确定，我们就要即刻以终为始，倒推完成战略目标需要配置的资金、人才、技术和设备。要满足市场的某个需求，我们企业内部有什么资源，外部资源能否为我所用？我们企业可以创造什么新的资源？未雨绸缪胜于急中生智，如何为了未来的提前到来做好充分的准备？做好投资计划、人才培养计划、技术研发计划和市场营销计划，这是企业的未来之路。

3. 数字表格化的未来之路从制订企业定性计划开始，我们想做什么？为什么要做？应该怎么做？经营决策层召集各个部门的中高层干部研讨企业经营战略，确定方向以后，各个部门都要制订自己的详细经营计划，然后进行定性合拢。从企业战略地图的合理性进行融合性研讨，在沙盘演示当中就要做好一切问题的预案。当确认没有战略性问题之后，经营计划才能进行细化。定性经营计划要细化到个人，人人头上有指标，一起承担责任。

4. 定性经营计划确定以后，我们可以制订相对应的定量计划，再把所有经营数字表格化，分别录入经营计划核算表。年度经营计划要以月度经营计划为基础，虽然只有一级科目数字，年度经营计划数据也是月度经营计划的数据汇总，公司经营计划的数据一定是全体部门经营计划的数据汇总。在全体部门员工参与计划制订过程中，实现全员经营目标的共有。

5. 数字表格化的战略基础在于企业年度经营计划的制订，

阿米巴年度经营计划的制订方法确实与众不同。它是以员工的梦想和希望为起点，各个阿米巴成员内心愿意为企业做贡献的单位时间附加价值是多少，以利他自利这个目标为起点，再考虑部门人员时间的分配利用、员工收入的提升以及全体员工物质和精神两方面的幸福，通过计划把梦想变成现实。

要达到这样的目标，接下来要创造的结算收益是多少？固定费用和变动费用要花费多少？我们可以为国家做出贡献的纳税金额有多少？最后才是销售额的确定，这种逻辑思维跟我们传统的计划思维方式不一样，甚至可以说是完全相反的思维路径，不过这种计划更容易达成。因为这些目标是员工自己制定的，我命由我不由天，接下来自己就要努力兑现承诺。

6. 年度经营计划的制订要从后勤部门开始，他们的计划做好了，就可以进行费用和时间的分摊，否则各个核算阿米巴的计划数据就不完整。当然，要完成年度经营计划，上上下下各个部门往返起码五次才能做得好，需要耗费的时间一般是一个月到三个月，不是开个会就制订出来了，关键是全员共有，只有全员参与制订，年度经营计划才能保证落地。

7. 员工懂得做年度经营计划、月度经营计划和每日经营计划之后，他们的人生也会发生很大的变化。在传统企业管理当中，大部分企业和员工都是摸着石头过河，过一天算一天，说是活在当下，却很少思考和规划未来。大家的梦想还是有的，只是现实却太残酷。

8.数字表格化的未来之路在于全体员工共同参与经营，共同制订经营计划，共同实现经营计划。有了数字表格工具，员工的计划能力、执行力和沟通协调能力都会提升。

第五节　数字落地表格化的应用

单位时间核算表是阿米巴经营数字落地表格化的结果，那是经营结果的理想设计制作。不管数据如何完美，都要有一个表格制作的技术问题，那就是表格内的所有数据如何采集。

首先是数据口径必须统一，否则表格数据无法应用；其次核算表的每个数据都需要有专门收集数字的表格工具，用这些工具进行现场落地操作。

1. 销售额数据应该有销售日报表这样的表格，每天收集各项收入数据，准确录入日报表。销售日报表相当于流水账形式的销售台账，除了销售金额，还有数量、单价和销售品类。在做销售分析的时候，既可以分析销售金额，也可以分析销售数量。销售日报表格式相当于核算表的四级或者五级科目细化应用，所以销售日报表的设计要参考核算表的设计。要做好销售日报表数据的合并口径，尽量按照大类到小类的方式填写，这样比较容易统计。

2. 费用数据也应该有费用日报表这样的表格，每天收集各项费用数据，准确录入日报表。费用日报表是用流水账方式记录的费用台账，除了变动费用和固定费用，还有总部提供下发的"费用（时间）转移单"，月初财务部门也会提供关于各个阿米巴总劳务成本的劳务费用。这些基础费用表格是核算表数据的来源，台账的数据采集正确与否决定核算表数据。资产与费用的数据不能混淆，阿米巴领用之前是资产，领用以后不管金额大小一律算费用。

3. 工作时间数据就是在编员工考勤上班的有效时间，兼职员工或者临时工的工作时间不需要记录到考勤时间台账，不过试用期员工的工作时间也要记录进去。办理了入职手续，或者还没有办理离职手续的员工都属于在编员工，他们的上班时间都算是考勤时间。销售部员工的工作时间可以灵活处理，只要按照八小时工作制全部进行口径统一录入就行。

稻盛经营学的落地离不开一张表格，就是"单位时间核算表"。哲学文字化和数字化就是以"单位时间核算表"作为落地工具的，这张表格不仅仅反映了企业对员工的收入、尊重、健康和安全的数字化态度，还体现了企业对人类社会进步和行业发展的数字化贡献。

核算表需要很多数据采集表格支撑，除了销售、费用和时间三张台账表格，针对销售最大化、费用最小化和时间最短化三项，我们还要设计很多关联补充表格。

如何才能提升销售额呢？增加销售渠道、增加产品供应、加快商品周转和加强市场营销，那么我们就要设计渠道开拓表、客户追踪表、销售分析表和库存周转表等。

如何才能避免浪费、降低经营费用呢？我们要增强员工的成本意识，还要设计原材料费与成品产出对比表、易耗品费与产值对比表、包装运输费与出货额对比表等。

如何才能提升工作效率、减少工作时间呢？我们要定期改善优化大家的工作流程，要设计工作内容和时间记录表、重要工作加班申请表和申请其他部门支援表等。

表格设计原则上数量越少越好，尽量一表通用，各个部门保留的管理表格能减少就减少，能删除就删除，能合并就合并，设计围绕数据采集和数据活用两个维度展开。

经营数字表格化以后，数据采集填表要严格对号入座，而且要与数据记录凭证一一对应，不允许发生任何差错。填完表马上进行核对，所有表格数据都要保证双重确认。

企业经营数据库是牵一发而动全身，有一个数字或者一张核算表数据错误，整体数据就会错误。所以，任何数据录入都要追求完美主义，原则上不允许事后更改。

在确保表格数据的快速、真实和正确之余，一旦经过审核确认，就不允许再进行更改。要保证数据准确，如果不幸发生数据错误，也只能对后期数据采取冲红处理。

数字落地表格化操作要点

1. 设计制作企业核算表（参考附录表格八、九、十和十一）

2. 制订企业的经营计划（参考附录表格十二）

微信扫一扫即可获取附录

第十一章
表格落地会计化

第一节　什么是阿米巴经营会计定义

现代企业会计是一个数字化信息系统，也叫信息化决策支持系统，一般企业都会有财务会计和管理会计。只有运行阿米巴经营模式的企业才会引入阿米巴经营会计，其他成本会计、责任会计、金融会计和税务会计等会计，其实全部都是现代企业会计"同源分流"的不同呈现方式而已，这些用途不一样的会计数据都是来自经营现场的数据。

财务会计是以法人企业为对象，为企业进行理财和融资服务的会计；管理会计是以企业管理者为对象，为企业管理提供数据服务的会计；经营会计是以全体经营者为对象，为提高企业经营效益服务的会计。因为阿米巴经营是追求人人成为经营者的，所以阿米巴经营会计是为全体员工服务的工具。

会计名称主要是以它的服务对象来确定，经营者最好运用经营会计。

阿米巴经营会计又称为现场改善会计，各个阿米巴根据现场经营数据来反映企业的真实经营状况，让各级别的阿米巴成员都能掌握每天的真实经营状况，自行改善经营状况并持续提升结算收益，帮助经营者快速做出决策。

作为一个决策支持系统，阿米巴经营会计报表的提供具有即时性，慢则每天提供前一天的所有经营数字，快则随时提供当天所有已经发生的经营数字。提供迅速、准确、及时且最可信的数据，是阿米巴经营会计的特点。

阿米巴经营会计的所有基础会计报表都是现场员工自己制作，也是由现场员工提供真实可靠的现场经营数字。阿米巴经营会计作为现场改善会计，要对提高阿米巴经营效益负责任，也负责为各个阿米巴提供现场改善的数据。

财务会计有利润表、资产负债表和现金流量表三张专业表格，管理会计也有作业成本管理表、核算管理表和利润管理表等一系列管理表格，经营会计却只有单位时间核算表一张简单的会计报表。

阿米巴经营会计让人人都成为经营者，让人人都掌握基本会计核算，让人人都参与现场改善。所以，阿米巴经营会计也可以理解为业务会计，它是与财务会计并行的一种专业会计，报表数据来自现场经营数据的同源分流。

经营会计与财务会计就像两条平行的火车轨道，它们是业务和财务两个系统，不能交叉，不能混淆，企业就像火车一样向前运行。原则上数据来源都是一样的，只是根据工作需要，大家的报表数据采集时间节点不一致而已。

经营会计属于对内报告会计，财务会计属于对外报告会计，两种会计服务的领域和对象不一样，专业要求和会计负责人也不一样。

企业各种会计存在的目的和意义都是为了企业经营服务的，而且阿米巴经营会计本质上不仅可以直接提升企业核算效益，直接提升企业经营利润，还可以作为导入企业哲学的工具来帮助企业培养理念一致的经营人才。

阿米巴经营会计属于管理会计的一个分支，全体员工作为一个虚拟的经营者，可以运用经营会计来持续循环改善，现场体验经营者的自主经营。通过人人都是经营者的经营手法，帮助企业培养具备经营者意识的领导人才。

阿米巴经营会计是通过现场改善来磨炼员工心性的"专业工具"，企业哲学落地要借助阿米巴经营会计来提高心性、拓展经营，才能逐步成为全体员工共同践行的哲学体系，才能实现哲学共有。阿米巴经营会计是稻盛哲学落地与呈现效果的专业工具，没有稻盛哲学作为基础，阿米巴经营会计也起不到什么作用。

第二节　阿米巴经营会计的数据活用

经营表格只有落地到会计系统，表格里的数字才对企业经营产生价值。表格落地会计化是从表格设计开始就要与会计发生关系，否则就是各行其是，会变成企业经营的垃圾信息。阿米巴经营会计只有一张单位时间核算表，这张核算表的数据是利润等于收入减去费用的逻辑关系。明白核算表的设计逻辑，就很容易理解数据的活用了。

阿米巴经营会计要创造高收益，争取实现利润最大化，那么就要努力争取销售最大化、费用最小化和时间最短化，这是企业经营的基本核算原理，一定要最大限度活用会计数据。对于自己认为有价值的计划数据，无论如何也要贯彻到底，要有不达目标誓不罢休的态度。每个阿米巴都是自己制订每日预定计划，每天只要竭尽全力完成预定目标就可以了。

当计划目标还没有达成的时候，一定要主动查找原因，计算数字差距的大小，如何才能达成目标？怎么样付出不亚于任何人的努力？一定要努力到自认为无能为力为止。核算表的数据活用要如何进行落地操作？谋事在人成事在天，必须付出不亚于任何人的努力。

1. 核算表数据全部坚持用金额来表示活动目标的成果，就是为了增强员工的现金流意识。人人都是经营者，核算表里面的每一个经营数字，企业赚的每一分钱利润，都是员工们每天努力付出的结果。经营浪费不分大小，一切不应该发生的浪费我们都要想办法杜绝。

2. 为了让基层一线员工及时把握经营状况，让他们每天自己亲手制作核算表，发现日常经营问题，立即采取措施自行加以改善。为了把每一位员工都当作经营者来培养，每个员工都轮流参与核算表填写。防微杜渐，防患于未然，要让听得见炮声的员工解决问题。

3. 一般会计报表是没有时间这个科目的，核算表的时间科目设计，是为了树立时间意识。让一线员工准确把握完成每项工作必须花费多少时间，再想办法提高工作效率，从而加强自身竞争力。现场员工要做好每天的工作记录日志，把相同工作内容的完成时间记录下来，定期进行对比。核算表的数据活用，需要各种维度的数据对比，才能提升工作效率。

4. 用同一张核算表、同一个经营指标把握整个公司的经营实况，从高层干部到基层员工，从宏观规划到微观现场，都使用同一个核算标准，就能统一经营目标。统一指标、统一口径，就能统一目标。其实统一的方法很简单，把企业中高层干部全部召集起来研讨就能实现统一。为什么呢？企业上下都实现统一，所有的问题就会变得简单化，统一对大家都有利。

5. 每日核算表中不包括劳务费，员工们不需要关注这个指标，而着眼于经营课题的本质，彻底提升自己阿米巴的盈利状况。因为劳务费是根据企业薪酬制度发放的，员工不需要关注，月底该发多少就发多少。不过，为了每个月初的业绩分析会，月度核算表要把总劳务费作为劳务成本准确录入核算表。随着企业利润不断增加，员工的收入自然也会不断增加。

6. 通过每日核算表的数据分析，预定业绩数据会与实际业绩数据有差异，我们可以选择一个差异最大的科目进行问题挖掘分析，找到可改善点进行改善，每天进步一点点。每天的问题改善要做好记录和跟进，在没有解决之前不能涂销，改善方法也要记录并共享。

7. 核算表最大的好处是里面的每一个数据都与经营有关系，通过月度核算表的差异分析、环比和同比分析，找到销售、费用或者时间的可改善点进行课题改善，每月都要进步一点点。因为时间只有一个月，作为月度的课题改善，一定要找那些具体的问题点进行改善。

8. 如果遇到一个部门无法解决的问题，可以由经营管理部联合其他部门成立专案组进行专题改善。企业内部资源是共享的，各个部门之间本来就应该相互配合，况且核算表的数据是各个部门相互关联的，帮助别人其实也在帮助自己，彼此自利利他是最好的。

9.阿米巴经营会计的数据活用可以做组织和个人的绩效考核，甚至利润分配也可以参考。真实、客观与科学的数据做出来了，如何运用要根据企业经营的需求，不管是现场改善还是战略规划都可以参考。通过会计手法来活用表格数据，再通过会计报表来培养人才。

第三节　企业内部交易定价技术解析

定价就是经营，内部交易是阿米巴经营培养经营人才、把经营干部当作内部企业家那样培养的一种驱动方式。它可以最大限度地调动各个阿米巴员工的积极性，甚至会以最快速度传递市场动向到企业内部。这是普通企业做不到的，通过内部交易实现内部市场化。

内部交易是指价值链内部的上下游或者前后工序之间产生的一种交易，同一道工序或者平行部门很少发生内部交易，不过平行部门之间偶尔发生的内部调拨也可以作为内部交易。内部交易一般按照公开公正的方式公平交易，参考外部市场，双方交易一定是你情我愿的，不能强买强卖，更不能以大欺小。

内部交易的方法很多，关键是双方接受，皆大欢喜。偶尔发生或者短期的内部交易一般用协商法，参考外部市场一般行规的普遍价格，双方进行平等协商，只要是双方都同意的价格，就可以成交。如果外部市场有明显定价的产品交易，完全可以参考外部市场进行内部定价。内部定价就是要把外部市场机制引入企业内部，让内部员工感受到市场剧烈竞争的信息，迅速做出符合市场需求的应对措施。

几个阿米巴进行内部定价的时候，要事先准备好公共费用和时间分摊标准。内部定价要最大限度地调动各个阿米巴员工的积极性，最快速度地传递市场动向到企业内部，整个定价的过程一定要做到公平和公正才行。

然后，以上一级阿米巴的单位时间附加价值为参考，先假设大家创造的附加价值都是参考这个平均的附加价值，再倒推与它们相关的关联指标：附加价值 × 总时间 = 结算收益，结算收益 + 经营费用 = 净销售额，净销售额 =（外部销售 + 内部销售）– 内部购买，这样就一步一步地推算出内部阿米巴作为买卖双方的内部销售价格，如果这个价格有偏差，还可以来回反复测试，直至达标确定内部定价。内部定价是一个虚拟价格，不能做直接贡献值。

阿米巴之间进行内部定价还是有一定技术难度的，最难的是数据采集。如果做核算表半年到一年时间再进行内部定价，那就很简单了。刚开始，如果没有内部定价，大家都无法计算出自己的销售额，经营费用也无法一一对应。如果没有销售额，就是没有收入，那这个核算阿米巴组织也无法成立，哪里来的核算数据呢？所以，刚开始几个月只算是数据演练彩排，等六个月以后才能真正进行内部交易定价，那么具体的内部定价要如何进行落地操作呢?

1. 内部定价之前,首先要解决后勤公共费用和时间的分摊问题。公共费用是指企业所有后勤公共部门产生的费用,按照谁使用谁负责、谁受益谁分摊的原则进行分摊,分摊标准由被分摊的几个部门举手表决来确定。可以按照固定费用、流动资金、劳务费用、员工人数、场地面积或者销售额的占用比率进行分摊,也可以按照几个被分摊部门确定的其他标准进行分摊。原则上是少数服从多数,阿米巴规模没有大小之分,每位阿米巴长都只能投一票。

2. 有了分摊金额和分摊标准,各个核算阿米巴就可以按照这个标准进行费用分摊,这个标准也可以分摊后勤部门的总时间。不同级别的阿米巴可以确定不一样的分摊标准,不需要整个公司都一样。谁的地盘谁负责,不过承担多与少,都要遵守少数服从多数的原则。非核算阿米巴的费用和时间分摊,从一级到二级,再到三级和四级阿米巴等,最后全部由基层核算阿米巴分摊承担,每一级阿米巴的分摊标准都不一样,要以被分摊阿米巴口径为准。

3. 内部交易定价实际上就是把外部市场的销售单价进行科学切割,看看交易价值链上的每个阿米巴为销售额做出多大的贡献值。阿米巴的内部交易单价总和是不会变的,只是内部你拿多一点,还是我拿多一点而已。每当市场定价发生变化,内部定价也要跟着变。

每个核算阿米巴都是要创造利润的，所以为了创造更高的利润，各个阿米巴长都在博弈。看看销售单价可以谈多高，自己再想办法把经营费用降低。这种内部博弈很容易演变成内部斗争，造成极大的内耗。结果是利润还没有赚到，企业就已经头破血流。所以，稻盛经营学落地会计化，一定要看阿米巴长们是如何利他的，内部定价就是一块自利利他的试金石。

4. 稻盛经营学会计化时，人心的善恶美丑会表露无遗。企业真正的利润要从外部市场争取，内部争斗只会降低企业整体利润，而无法提升整体利润。如何才能没有这种内部的争斗呢？企业哲学很重要，内部定价机制更重要。哲学决定思维，机制决定人心。只有把内部定价的机制定好，核算表的数据采集才不会有问题，内部争斗才会平息。内部定价的运作机制还是以利他为前提，考核奖励不能与业绩直接挂钩，内部定价的高低不能决定考核结果。

5. 很多企业的性质根本就不存在内部交易，阿米巴组织之间是不一定有内部交易关系的。我们要先确定企业存不存在内部交易关系，如果没有就到此为止，不用再谈交易了。

如果有的话，谁跟谁进行交易？要先确定各个部门之间的内部交易关系，判断交易双方处于企业价值链的哪个位置，从市场已经确定的最终外部售价倒推，再决定公司内部价值链的各阿米巴内部购销价格。当然，确定最终购销价格还是需要阿米巴长之间真诚的沟通协商，哪怕是拍板以后也要互利共赢、共同成长。这是内部交易基本原则，大家都要遵守。

6. 内部定价的购销价格多少才合适？如何定价才不用争吵？这就要看各个阿米巴计算出来的单位时间附加价值是多少，原则上彼此相差值在 10% 以内是可以接受的。这样的原则要在内部达成共识，有了共识就不会吵架。大家的单位时间附加价值完全一样是不可能的，相差太大则贡献值不公平，起跑线不一样也不公平，所以 10% 偏差值是完全合理的。

从上往下计算的单位时间附加价值是可以对比的，关键是销售单价怎么算出来？只要有完整的数据，核算表内不管是顺推还是倒推，内部交易购销单价都是可以算出来的。

7. 以上一级阿米巴的单位时间附加价值为参考，假设各个参与内部定价阿米巴的单位时间附加价值都是这个数字。从下往上推算：附加价值 × 总时间 = 结算收益，结算收益 + 经营费用 = 销售额。推算出来的销售额就相当于内部交易定价的结果，经过简单试算后会发现，各个阿米巴的销售额定价相差很大。这个时候，我们可以自上往下来调整各个销售额的数字，直到大家的附加价值数字上下浮动在 10% 之内，这个销售额定价就可以确定下来。

8. 通过试算和调整数字，各个阿米巴的数据已经符合标准，也就是说内部定价可以确定。那么我们要先试运行一段时间，看看还需不需要进行微调。如果价格偏差太大，我们可以进行适当的纠偏。一般情况下，只要外部市场定价没有太大的调整，内部定价也相对比较稳定，不需要天天都在讨价还价。半年或者一年以后一切归零，各个阿米巴可以重新进行定价。

如果市场上商品价格变化太快，内部定价也会跟着快速上下浮动。外部的价格不管如何急剧变化，都是以内部加工购销合同签订的价格为准，签订新合同再协商新的定价。

9. 内部交易定价虽然有一定的好处，却不是每个企业都需要的。如果可以直接面对外部市场，希望企业的每个核算阿米巴都向外部市场要销售额要利润。企业分为制造型、销售型和产销一体型三种，制造型企业一般是订单式生产，销售型和产销一体型企业一般是库存式生产。订单式生产可以运用佣金制，库存式生产可以运用内部购销制进行内部交易。

销售和制造部门之间佣金比例数字的确定也可以参考内部交易定价方法，假设两个部门对企业的贡献值是一样的，上下偏差不超过10%，最终由两个部门负责人拍板确定佣金比例就行了。双方的佣金比例一旦确定，一年之内都不需要调整，也可以长期不作调整。

对于企业是库存式的销售阿米巴和制造阿米巴，因为彼此是独立经营自负盈亏的阿米巴，那就要参考外部市场的定价方式进行内部定价，由销售阿米巴向制造阿米巴下订单。

如果企业规模比较大，人数比较多，不管是订单式还是库存式生产，制造阿米巴都可以按照工序往下划分组织，各个阿米巴之间都可以进行内部交易定价来确定销售收入。

　　先确定是否需要内部定价很重要，否则就会做很多无用功。内部定价也是为了培养内部经营人才，所以定价有一点偏差没关系，关键是定完价以后，自己如何增加附加价值的数字。定价就是经营，内部交易定价也是经营会计的应用，一定要结合企业哲学进行落地。

第四节　培养经营人才的业绩分析会

哲学培养思维方式，组织搭建培养平台，会计培养专业技能，阿米巴经营体系是围绕着培养企业经营人才来构建的。前面努力构建各个体系，最后都会在业绩分析会落地。

业绩分析会是阿米巴经营体系最重要的一个经营会议，这个会议不仅仅是用来落地企业哲学，也是培养企业内部具备经营者意识领导人才的最重要的道场，更是达成整体战略目标的指挥棒。业绩分析会还是企业哲学的落地现场，通过课题构建和现场改善，把企业哲学内容落实到员工日常工作生活当中，这样培养出来的企业人才一定是价值观一致的人才。

要培养经营人才一定要经过专业的训练才能成才，每次业绩分析会要让人才待培养对象轮流上场做会议的主持人，不断地轮番磨炼，这些领导干部才能逐步成才。这就是集中培养训练加现场监督培养，这样培养人才的周期比传统培养人才的周期会缩短一半以上。

召开业绩分析会也是要讲方法的，主持人先让高一级阿米巴讲整体的经营情况：销售额、边界利益、结算收益、经营利益和单位时间附加价值的完成情况，让参会干部先了解上一级阿米巴整体的经营现状，等到分析自己阿米巴业绩的时候，他们就能做到心中有数。

因为改善课题只限于由基层阿米巴去构建，所以中高层阿米巴不用构建改善课题，只需要介绍整体的经营现状。每个月的业绩分析会都是经营干部集中修炼哲学思想的道场，在这里既可以培养具有领导者意识的干部，顺便也把年度经营计划和短期战略的目标调整好，确保经营目标的最后达成。那么该怎么召开业绩分析会呢？现场阿米巴要如何进行落地操作呢？

1. 基层阿米巴每个月的业绩分析会都必须构建改善课题，每次召开业绩分析会的第一步就是总结分享上个月的改善课题完成情况：

（1）为完成改善计划而对增加收入、缩减经费和提升效率分别采取了哪些措施？

（2）这些改善措施是否都是合理的？

（3）现场员工是否按计划有效地实施？

上场做业绩分析报告的干部，在主持人的引导下，先做课题改善的分享。现场所有参会干部都是经营者，人人都不能袖手旁观，也不能做一个置身事外的评论家，大家都要主动为上场做课题报告的伙伴提建议。改善课题不是做完这个月就停止不做了，还要坚持做下去的，大家提建议是帮助伙伴们接下来做得更好，利人利己，这就是利他哲学的践行现场。

2.基层阿米巴每日核算表的数据分析一般放在晨会和夕会，解决问题也是当天的事情，而业绩分析会却是针对基层阿米巴的月度核算表进行数据分析。月度核算表的分析要以终为始，先从单位时间附加价值开始，到结算收益、边界利益，再到销售额，各项指标都要进行差异分析。主要看预定数据与实际达成数据的差异在哪里，然后追查问题产生的根源，整个过程要做好会议记录。这些都是经营数据分析出来的问题，主持人通过对汇报人的现场深度拷问，尽量搞清楚阿米巴领导者的思维方式和内心想法，找到产生问题和差异的根本原因。

3.因为是业绩分析会，整个过程都要结合经营业绩来展开分析讨论。其中，盈亏平衡点销售额与安全值的分析显得尤为重要，预定的盈亏平衡销售额与实际的盈亏平衡销售额相差多少？为什么会产生这些差异？达成时间相差几天？盈亏平衡点销售额是经营利益等于零的销售额，大于零就是赢利，小于零就是亏损，这些是普通员工都能明白的道理，可是全体阿米巴成员都关注了吗？都付出不亚于任何人的努力了吗？经营企业，争取盈亏平衡就等于争取到生存的权利，只有好好地生存下来才有发展的机会，所以全体成员都要关注。

4.盈亏平衡点销售额 = 固定成本 ÷ 边际贡献率，在可以保证达成盈亏平衡销售额的同时，我们要追求更高的销售额，务必保证达成销售目标。同时，也要注意每个月的安全预警数字安全吗？绝对安全吗？达到预定的盈亏平衡点安全值了吗？用实际（预定）销售额 ÷ 盈亏平衡点销售额 = 阿米巴安全值。经营安全重于泰山，活着就是硬道理。在追求经营业绩的同时，全体员工时刻铭记每个月的盈亏平衡销售额与预定达成时间节点。

5. 接下来做实际业绩的反思，哪些经营指标还没有达成？为什么没有达成？从这个指标延伸到其他关联指标再寻找关联原因。有时候实际业绩虽然没有达成，可是通过环比和同比分析，我们会发现这些指标其实已经有了很大的进步，或者对上一级阿米巴的贡献度百分比有了很大的进步。对于进步，我们一定要及时做出肯定；对于退步，我们也要及时给予鼓励。通过对核算表的一系列经营问题进行分析，从中提取出阿米巴需要改善的经营课题。

6. 好的改善课题对阿米巴组织的进步帮助很大，对于改善课题的构建，我们一定要给予足够的耐心进行问题分析，在问题背后可能就是需要改善的地方。如果找到准确的改善点，就可以制订严谨周密的改善计划，这些改善计划一定要注明执行要点：时间、地点、负责人和监督人都要标注，需要其他部门帮助就要提前申请资源协助，资源协助请求不能只写部门，具体协助人的姓名也要写出来，尽量现场征求对方的同意，最后还要注明改善预期。

经营课题的提取主要来自核算表和工作现场，为了更好地做好科目管理和现场改善，核算表各项经费科目要比一般会计科目分得更细，构成所谓的现场实践性经费科目。比如说，不要笼统地设置"水电燃气费"这个科目，而要把水费、电费和燃气费科目分别列支。

7. 改善课题做完以后，业绩分析会的最后一个环节，也是令人振奋的一个环节。主持人引导阿米巴长做本月经营计划调整的时候，要鼓励他挑战高目标，要把这个目标变成对大家的一个承诺和保证，下个月还要给大家汇报这个激动人心的数字是否完成。由于这个月做了新的课题改善，不管改善以后会增加多少金额的收益，各项收益指标还是要挑战一下的。销售额、边界利益、结算收益和单位时间附加价值都可以挑战，参考环比或者同比的百分比看看进步多少，以这个百分比为参考基础进行挑战，这就是阿米巴经营的挑战文化。

培养企业经营人才，就要培养敢于挑战自己、敢于挑战未来、敢于挑战伙伴和敢于挑战同行的优秀经营者。挑战是需要底气的，底气来自平时打造筋肉坚实的经营体质。

业绩分析会是企业挑战文化的打造基地，会议主持人一定要点燃阿米巴长的激情和希望，鼓励各位干部勇于挑战，各个支持部门也要承诺提供相关协助。只要企业能营造出这种挑战文化的氛围，不断地垂直攀登，不断地挑战自己，经营业绩一定会出现大幅度攀升。

表格落地会计化，运用阿米巴经营会计导入稻盛经营学就是以术入道。稻盛经营体系的"三驾马车"：哲学、组织和会计，更像建设高楼大厦的地基和两面承重墙，缺一不可。

稻盛经营学在整个落地过程中，一直都围绕着培养企业内部经营人才来进行体系建设。通过哲学体系培养人才，通过组织体系培养人才，通过会计体系培养人才。企业在培养经营人才的过程中，成功方程式的三个要素很重要，要培养员工具备正确的思维方式、积极主动的工作热情和尽职尽责的工作能力，这些要素都需要通过哲学会计化这个工具来培养。

如果仅仅依靠一张阿米巴核算表，肯定没有那么大的作用。不过，如果企业导入稻盛哲学作为核算表的驱动器，让全体员工参与核算表填写、运用和实践，这张核算表就不再是一张普通的会计表格了。这个时候，或许核算表已经变成了企业经营的一面"照妖镜"，经营问题在经营数字面前，全部一览无遗，甚至数字背后的人心都能真实地呈现出来。通过这张核算表就能提升企业经营业绩和提升员工心性，所以说，只要用好核算表，哲学就能落地。

表格落地会计化操作要点

1. 确定企业内部交易定价（参考附录表格十三）

2. 掌握业绩分析会的应用

3. 构建现场改善相关课题（参考附录表格十四）

微信扫一扫即可获取附录

第十二章
会计落地软件化

第一节　阿米巴核算软件的设计

　　市场上最泛滥的会计软件就是财务软件，特别是 ERP 软件，作为企业信息化资源规划的软件工具，可以为企业高层提供决策支持。可是相关软件公司统计资料表明，ERP 软件在企业的实施成功率只有 10% ~ 20%，绝大部分中小微企业都不是很适合导入的。很多已经花巨资导入 ERP 财务软件管理系统的企业，都陷入一种食之无味、弃之可惜的现状。

　　经营企业就是经营人心，阿米巴经营会计落地软件化就是稻盛经营学落地软件化。所以，稻盛经营学落地也需要借助阿米巴经营会计软件，稻盛经营学落地十二化的最后一步是阿米巴会计落地软件化。在当今互联网时代，企业不可能一直纯手工记账，软件化是必然。阿米巴经营会计软件化就是用软件代替手工做的核算报表，目的就是提升工作效率，降低报表的制作难度。会计电算化和软件化都是时代的需要，作为阿米巴长都是必须掌握的。

稻盛经营学落地软件化时，阿米巴经营会计的唯一落地工具是单位时间核算表，这张会计报表实质上就是一张办公软件 Excel 表格。表面上平淡无奇，却内藏玄机，以术入道，可以直接呈现稻盛经营学的精髓奥秘。因为 Excel 是一款普通的免费办公软件，制作成核算表如果用上 Excel 表格，就可以发挥出它的无上威力。

当导入阿米巴经营模式的企业规模比较大、阿米巴数量比较多、会计核算表数量比较多的时候，阿米巴会计报表通过合并报表的方式，让各个级别的阿米巴领导者迅速了解阿米巴组织的经营实况。事实上，用 Excel 制作的阿米巴核算表很好用，几百个阿米巴组织都可以用这款免费软件，一般都不需要单独购买其他阿米巴核算软件，效率也很高。

会计落地需要软件，这是真的。不过，要不要量身定做属于自己企业的阿米巴核算软件？其实，企业有条件花点钱定做一套也是可以的，世事无绝对。不想量身定做，就用免费 Excel。如果一定要做属于自己的核算软件，就要把稻盛哲学注入软件中，否则也起不到太大作用。因为没有稻盛哲学，仅仅依靠这些核算软件是无法经营人心的。

会计核算软件只能提升核算速度和精度，却无法提升员工心性，也无法提升经营利润。为什么要量身定做属于自己企业的阿米巴核算软件呢？关键就是为了用软件来导入企业哲学。阿米巴核算软件就是一款给工作现场员工设计定做的经营会计软件，无论它的设计还是使用都离不开企业哲学。所以说，企业哲学既可以指导会计核算，也可以指导软件落地。

用软件代替手工制作会计报表，工作效率会大幅度提升，不过却失去了磨炼心灵的机会，对哲学落地是有一定影响的。一旦用上了软件，人就很容易受软件影响而依赖软件，根本就懒得思考了，一切都依赖软件。经营数据结果虽然出来了，可是我们却失去了过程的磨炼，失去了心性的提升，最后可能我们什么也得不到。所以，哪怕要使用软件，我一般也是主张使用免费的办公软件 Excel。如果一定要自己定制阿米巴核算软件，应该注意哪些问题呢？我认为这些问题与使用免费办公软件 Excel 是一样的，一定要注意数据的活用。

定制自己企业的阿米巴核算软件，必须明确自己借用软件导入哲学这个目的。经营企业就是经营人心，人心一定会通过经营问题表现出来，经营问题藏在每日核算表的科目数据里，通过预定与实绩的差异分析就能发现这些经营问题。

采集数据只是基础，通过阿米巴核算软件把基础数据转化成企业预设的经营结果数据，然后再进行数据分析，通过数据差异从中发现经营问题。不过，软件永远都无法替代人脑，虽然它可以快速提供数据，甚至可以即刻生成图表。

可是，软件无法分析人心，更无法改变人心。产生问题的根源是什么呢？一定是人心，是每位员工思想里的价值观。只有让员工掌握正确的思维方式，拥有积极的世界观和价值观，提高员工的心性，经营问题才会变得越来越少。那么，软件设计怎么进行落地操作？

表格会计化的操作就是把销售日报表、费用日报表和考勤时间登记表等基础表格做好，作为数据采集的基础台账。然后就是制作每日核算表，把预定数据提前做好，每天再把实际业绩数据录入核算表。一个月结束以后，每日核算表累计起来的数据就是月度核算表数据。会计软件化设计就是用软件代替手工做核算报表，阿米巴的核算表都能通过软件自动做出来，软件替代人工的设计工作就可以完成了，这款软件的编程技术确实不是很难。

不管是软件基础表格还是 Excel 表格，可以导入也可以输出。所以，从编程技术来说，阿米巴核算软件应用的技术比其他管理软件要简单得多，而且也不需要太多的后台技术维护，一年升级一次就可以了，有条件的企业确实可以开发一套。

阿米巴会计软件化的这个软件运算出来的数字不是最后结果，只是企业进行数据分析的基础。如果没有现场的数据分析，软件也没有用，会计报表更没有用，因为企业的一切工作都要围绕着创造经营利润来展开。通过数据分析找出现场改善的问题，把握好企业经营现状，为企业发展做出正确的决策。各个阿米巴通过核算软件推动了持续循环改善，我们才能真正做到提高心性和拓展经营，稻盛经营学才能真正在企业落地。

第二节　阿米巴核算软件的应用

阿米巴核算软件是为了稻盛经营学落地而设计的，会计数据软件化只是快速把现场经营数字通过软件核算出来。因为核算科目是围绕着创造经营利润设计的，所有经营数字自然也围绕着创造经营利润而采集，所以会计软件化的经营活动也是创造企业经营利润的经营行为。阿米巴软件核算出来的数据可以快速支撑我们进行数据分析，因为只有及时进行数据分析和应用，才能及时发现经营问题，才能快速解决经营问题。

全体员工要提高心性，就要在解决问题的过程中逐步提升，遇到的问题越复杂越困难，心性就提升得越快，能力也进步得越快。软件是员工提高心性的辅助工具，它可以让阿米巴拓展经营走得更快更强，也可以让阿米巴长决策更准确、更容易。阿米巴核算软件的内部应用，关键是核算数据与企业哲学有机结合，从而进行哲学的实践。

问题、困难和挫折都是员工磨炼灵魂的利器，稻盛经营学落地要借用这些利器提升心性。会计软件化只是走完了第一轮，软件哲学化才是下一个轮回，软件哲学化才能形成一个闭环。软件哲学化开始进入新的一轮循环，稻盛经营学落地十二化是一个闭环，不断地提升心性、拓展经营，不断地拓展经营、提升心性，两者循环不止，生生不息。

软件能设置预实差异分析、环比分析和同比分析数据，也能设置环比进步和同比进步，各个阿米巴对销售总额和结算收益的贡献度百分比等，这样设置能提升取数效率，加快现场数据分析速度。通过每日核算表的现场分析，每天都能找到一个经营问题来改善。因为每天的预实数据有差异，所以每天的工作现场都可以找到改善的地方，这就是现场改善。

软件提供了现场的实时数据，现场员工就要根据这些数据找出做得不够好的地方进行改善，主要体现在销售额、经营费用和工作时间这三个指标上。每个月的业绩分析会则以单位时间附加价值为核心，通过对结算收益、经营费用和销售额等指标的分析，找到可以现场改善的经营课题，每个月都要进行持续的课题改善，这就是持续提升心性、拓展经营的过程。

阿米巴核算软件在持续让员工循环改善的应用中，达到让员工们提高心性与拓展经营的哲学落地效果。每一个问题的背后一定是员工的哲学心性问题，因为人的行为一定是受思想意识支配的，什么样的哲学思维就有什么样的行为动作。

思维方式如果不对，行为动作就会产生错误，工作现场的问题也就随之发生。提高心性不仅仅是员工个人的思想境界提高了，工作现场的问题也会逐步减少。员工进步则企业进步，员工成长则企业发展，员工强大则企业强大。阿米巴核算软件可以在培养企业内部经营人才方面努力，不断提升工作效率，让员工源源不断地成才。

　　阿米巴组织考评是完全量化的，阿米巴核算软件也可以帮助经营管理部自动完成考评，节省考评时间，减少经营管理部的工作压力。而且，软件的权限一旦开放，企业就可以实行经营信息玻璃般透明的日常经营。核算软件加上互联网共享，企业经营信息就可以瞬间传遍天涯海角，对于全国市场的员工来说，核算软件肯定是便利的。不仅仅经营管理部方便，其他部门也一样方便。会计软件化的应用，让企业很多工作都集中在互联网上完成。

第三节 会计落地软件化的意义

　　会计落地软件化可以实现无纸化办公，过去会计的一堆堆表格也可以通过一个小文档解决。电脑文档名称经过设计以后，什么时候查找都可以通过搜索功能迅速实现，会计数据也可以根据用户需要进行组合应用。不管领导者在何处，会计信息都可以通过上网随时查询，这是以前无法想象的互联网高效办公，经营者真正可以做到随时随地快速高效决策。

　　稻盛经营学落地十二化中的会计落地软件化是最后一环，走到这一环才能实现真正意义上的哲学落地，企业灵魂、哲学思想和创始文化通过员工的日常经营活动入脑、入心和入魂。一种思想影响另一种思想，一个人影响另一个人，一个企业家影响一群员工，一个企业影响一个社会，这是思想的力量，这也是哲学的力量，这更是一颗高尚灵魂的伟大力量。

　　只要企业真正建立起一套利他哲学，真正追求全体员工物质和精神两方面的幸福，这样的动机、发心和初心，一定能赢得全体员工的共鸣和支持。现在是全面信息化时代，一切都应该透明化，企业就应该追求光明正大经营，通过会计软件化传播和落地企业哲学。

会计落地软件化使经营会计的报表数据能在最短的时间内，快速收集汇总到各级阿米巴长手上，帮助他们快速做出经营决策。从现场数据到领导者判断决策，软件＋互联网最高效。软件 App 是现代企业不可或缺的经营管理工具，会计软件化是经营管理的必然趋势。

稻盛经营学在企业的落地就是实现全体员工物质和精神两方面幸福的数字化，没有员工收入提升的会计报表数据，没有阿米巴核算软件把经营数字呈现出来，稻盛经营学在企业就不算成功落地。阿米巴经营落地很重要，却一定要用稻盛哲学激活才能整体实现落地。

企业如果要个性化定制阿米巴核算软件，那就要交给专业的软件公司去完成。软件公司只是一个技术型公司，他们是不知道这些数据要注入灵魂才能活用。我们只需要告诉软件公司的负责人：企业需要什么样的数据，需要制作多少个业务模块，希望这些数据怎么用，他们就会根据我们的要求编写核算软件。企业定制化阿米巴核算软件编制出来以后，还需要用手工版的真实数据进行验证，在企业内至少试运行三个月以后才能正式上线推行。

阿米巴经营是全员参与型经营，核算表要求全员参与制作、分析和活用。如果在企业内推行阿米巴核算软件，那就要培训全体员工，而不是个别专职员工，让大家都熟练掌握软件的数据录入和数据活用。这是一个难点，也是很多企业推行专业软件遇到的困难，因为现代企业的员工流动性比较大，有些员工刚刚学会使用软件又辞职了。软件培训工作必须持续不断，新员工一定要接受阿米巴核算软件培训才能上岗，那就会造成企业大量的资源浪费。

这是当代社会的普遍现象，员工流动会造成大量资源浪费，员工稳定会增加很多利润，留住员工是人才战略的一个重要组成部分。软件再好用，也要有员工会用，企业哲学是保证会计软件化成功落地的关键因素。员工是创造利润的源泉，留住员工就是留住利润。

会计落地软件化操作要点

1. 掌握 Excel 表格的基本用法
2. 制作组织和个人绩效考评表（参考附录表格十五和十六）

微信扫一扫即可获取附录

第十三章

**道术合一的
稻盛经营学**

第一节　如何正确理解道术合一

　　心学与实学是稻盛经营学的一体两面，思维方式与方法论则是道术合一的稻盛经营学。稻盛经营学是一个整体，哲学是道，会计是术，阿米巴经营是道术合一的落地载体，阿米巴组织和阿米巴会计是稻盛哲学的呈现物。我们可以分板块进行学习和理解，却不能分板块去落地和实践。稻盛经营学是一个整体，把哲学与会计分开就不是稻盛经营学了。

　　企业导入稻盛经营体系，如果只是导入哲学是没有用的，只是导入会计也是没有用的，只有通过阿米巴经营同时导入哲学与会计才能发挥出稻盛经营学的威力，这就是稻盛经营学落地十二化的微妙之处。稻盛经营学相当于道术合一的完整意识体，它代表着宇宙的意志，代表着客观的规律，代表着市场的规律。哲学、组织和会计是稻盛经营学的三个组成板块，企业导入的时候务必要整体导入稻盛经营学，而不要局部导入某个板块。

　　稻盛经营学将企业组成一个完整的经营体，它可以激活员工的潜能和善意。只有把企业看成一个完整的经营体，阿米巴成员才能被激活；只有阿米巴成员被激活，人人才会具备使命感，人人才会具备经营者意识，全体员工才会组成一个活生生的企业集合体。不管企业遇到什么问题，阿米巴全体员工都要共同面对，因为大家都是一个命运共同体。

　　阿米巴领导者要做激活员工潜能的工作，不要时时处处争强好胜，更不要到处自我炫耀。只有下属成长，领导者才能成长；只有下属进步，领导者才能进步；只有下属成功，领导者才能成功。要把领导者自己想做的事情变成下属员工想做的事情，让下属员工充分发挥他们的聪明才智；要主动把名利让给下属员工，调动他们工作的积极性，激发他们现场的创造力。大道无形，低头做一名服务型的阿米巴领导者，最终所获得的成就一定非常棒。

　　稻盛经营学追求道与术的整体成功，追求道术合一的整体落地。稻盛经营学所讲的道术合一就是追求全体员工物质和精神两方面的幸福，精神是道，物质是术，物质与精神一定要合二为一，稻盛经营学才能真正落地。我们要正确理解稻盛经营学的道术合一，心学与实学必须合二为一，稻盛哲学与阿米巴经营必须合二为一，物质与精神必须合二为一，说到做到，言出必行，知行合一。道是术，术也是道，道术合一是真正完整的稻盛经营学。

　　稻盛经营学落地的切入点在哪里呢？以术入道，通过阿米巴经营的组织和会计磨炼员工，提高心性、拓展经营。同时，也要以道御术，通过稻盛哲学驾驭员工的心性成长，最终一定可以同时实现全体员工物质和精神两方面的幸福，这才是道术合一的正确落地。

第二节　稻盛经营学落地说明书

关于道术合一的稻盛经营学落地，我要特别做一个详细的落地说明：

第一步只是以术入道，第二步还要以道御术，第三步才能道术合一。

经过稻盛经营学落地十二化的漫长修炼，终于能在企业实现软着陆。

稻盛经营学通过阿米巴经营会计的导入而逐步渗透，哲学数字化就是以术入道。

阿米巴通过哲学践行考评来验证经营数字的进步性，数字哲学化就是以道御术。

从哲学到会计，再从会计到哲学，员工言出必行组成一个稻盛经营学落地的完整闭环，这个不断转动的循环就是道术合一，而道术合一的稻盛经营学落地企业具体要如何操作呢？

一、以术入道

1. 稻盛经营体系在企业落地是一把手工程，领导者一定要集体发愿进行表态：第一年要帮助自己的下属提升多少收入？三年内要帮助自己的下属提升多少收入？追求员工的物质幸福要提高员工的收入，这是各位领导者的责任。

召开稻盛经营学落地启动会，明确全体员工的初心，填写"初心见证表"；明确企业的初心，梳理并提炼完成企业的理念、使命和愿景。

做好稻盛经营体系导入计划的同时，要在企业内迅速建立与市场挂钩的独立核算机制。对各个部门进行阿米巴组织划分，划分好核算与非核算阿米巴组织，确定阿米巴长的人选，再帮助这些阿米巴组织尽快构建阿米巴会计系统。

刚开始不用成立经营管理部，先成立一个阿米巴推进小组来负责稻盛经营体系的导入，六个月以后，等人才培养出来再成立经营管理部。会计系统的构建需要财务部门协助和指导，尽快把各个阿米巴的核算报表模板全部制作出来。

第一个月就要制订或者调整企业的年度经营计划，核算表不管填得对与错，各个阿米巴第一个月就必须在核算报表上面填写经营数字，一定要填真实的数字。大家在填写核算表和采集数据的过程中，出现混乱和争吵是正常的，只要能把核算表全部填写出来就算过关，然后各个阿米巴长在经营会议上公开讲评核算表。

第一个月阿米巴要做"如何提升员工满意度（或者幸福度）"的定性课题改善。

2. 第二个月各个阿米巴长要把年度经营计划的数据分解到月度经营计划，然后再分解到每日核算表。通过科目的设计，运用核算表来渗透哲学，要讲事业的目的和意义，要讲科目设计的目的和意义，要讲销售最大化、费用最小化和时间最短化的目的和意义，都是为了实现全体员工物心幸福，必须持续进行循环改善。

第二个月阿米巴继续做"如何提升顾客满意度"的定性课题改善，让员工们都知道自己的幸福要靠平时努力奋斗才能实现，课题改善就是大家提高心性和实现梦想的途径。

3. 第三个月基层阿米巴都要参加业绩分析会，通过数据分析找到改善课题。第三个月很重要，这是哲学会计化的一个重要转折点，利他哲学的导入，可以激活员工的利他之心。内部员工的融合，加上基层阿米巴的课题改善，阿米巴的经营数字会发生不同程度的变化。通过数据分析找问题，这个月首先要解决核算表数据录入的准确性问题，各个阿米巴要达成相同的统计口径、统一格式、统一科目和统一采集时间，保证核算表数据的准确性。

从这个月的业绩分析会开始，通过干部轮换会议主持人来培养经营人才，哪怕会议进度缓慢也要坚持不懈。培养企业内部经营人才是一项发展战略，必须有足够的耐性。

4.第四个月阿米巴核算表的技术问题基本上都已经解决，这个时候就要借用核算表的数据分析和课题改善来导入企业哲学，特别是理念、使命和愿景的强化渗透。每个月的月初都要召开业绩分析会，这是哲学共有最好的道场，通过业绩分析会还可以培养内部经营人才。这个月的改善课题可以侧重于如何提升阿米巴的销售额，因为还不够熟练，每个阿米巴改善课题的数量不要多，先做1个，半年以后再考虑做2个，通过课题改善来提升心性。

5.前面打了四个月的基础，对于哲学与会计已经有了一定认识，第五个月核算表的制作技术已经掌握，接下来是活用的问题。怎么透过数字来找问题呢？要用提问的方法，对于预定与实际差异较大的经营数据，我们要穷追不舍，连续问几个为什么，把产生数字问题的真正原因找出来。任何问题的产生都是有原因的，只有找到问题的根本原因，问题才能真正解决。这是业绩分析会主持人的基本功，问到报告者哑口无言最好，这样能帮助他们成长。

6.第六个月进入培养人才的重要阶段。经营企业就是经营人心，如何经营员工的人心？这是一个企业的哲学问题，通过业绩分析会或者恳谈会（空巴）进行哲学共有体验。

我们要与干部代表们"谈心"，借助会议上的问题来挖掘他们产生问题过程的所思所想，探讨他们背后的价值观和对待问题的态度。任何经营问题背后都是价值观的问题，哲学理念决定员工的价值观，培养领导者就要通过哲学共有来培养价值观一致的领导者。

经营数字背后是员工的人心，只要他们愿意付出不亚于任何人的努力，经营数字一定会变好。企业经营有问题，就一定是产生经营问题那个地方付出的努力还不够。

二、以道御术

1. 第七个月开始经营数字哲学化，在定期召开业绩分析会的同时，可以着手制定《企业哲学手册》，让全体员工找到工作生活做人做事的标准。道术合一的稻盛经营学开始融合，说与做要合二为一，知与行要合二为一，道与术要合二为一，这需要以法固术，把哲学思想文字化、条文化和数字化。哲学共有是一个过程，而不是一个结果，所以过程设计很重要。正如人生只是一个修炼的过程，而不是一个结果，每个员工都要参与哲学手册制定。

2. 第八个月业绩分析会继续在月初举行，这个月要设定科目管理。核算与非核算阿米巴都要设定各个核算科目的负责人和监督人，他们要对自己所管理的科目数字结果承担责任。在业绩分析会上找到的各个经营问题，都要该科目的负责人与监督人做出合理解释。

全体员工再次研讨哲学手册内容，这个月一定要确定《企业哲学手册》。哲学手册制定的第一轮是由全体员工参与投票决定的，最后确认也一定要全体员工共同研讨，善始善终。如果发现有不同的意见，还需要员工代表或者中高层干部研讨表决，少数服从多数。

3. 第九个月《企业哲学手册》正式颁布，全体员工必须人手一本。哲学内容固化于制度，哲学制度位列制度之首，所有经营管理制度都要符合哲学理念，所有行为规范都要符合企业价值观。对于违背《企业哲学手册》的所有经营管理文件，一定要坚定不移地废除。

稻盛经营学本质上是希望员工可以度过美好人生，也希望员工物心幸福，而不是一种提升经营业绩的手段，所以制定《企业哲学手册》并不是为了让员工服从企业的方针政策，而是让员工找到人生与事业的判断基准。作为人，何谓正确？这是一种纯粹的动机。

中高层干部拿到《企业哲学手册》之后，先召开第一次哲学研讨会，务必要达成共同的解读口径。同时全体成员开始设计自己的"言出必行承诺表"，准备践行企业哲学。

4. 第十个月开始对全体员工进行哲学践行的言出必行考评。每位员工（试用期除外）上月底就要制定属于自己提升心性的言出必行考评表，每一项都要设定数字进行量化考核，月初第一天就要开始践行。这个月还要开始召开哲学研讨会，高层干部每周一次，半年以后可以逐步减少次数，中基层干部和一线员工一个月一次。通过哲学研讨加上言出必行考评，经营数字逐步渗透利他哲学，员工们自然就会带着爱去工作，怀有利他之心做人。

5. 稻盛经营学导入企业十个月后，第十一个月企业经营数字会有很大提升，员工收入也会同步提升。这时候我们就要考虑经营战略的调整了，经营管理部要组织中高层干部召开战略研讨会，思考企业的短期战略与中长期战略，对下一年度的经营目标做出必要的调整。每个月的业绩分析会还是定期召开，言出必行的哲学考评也是照常进行，可是经营计划调整已经势在必行。随着战略目标和战略布局的调整，经营计划也会跟着做出相应调整。

因为各个企业导入稻盛经营体系的开始时间不一样，所以这些内容可以适当进行时间上的调整，经营战略一般选择在制订年度经营计划前一个月做出调整，不要墨守成规。

6. 第十二个月稻盛经营体系进入一年的导入期，员工的心性已经有了很大提升，这时候可以开始进行正式的组织考评和个人考评工作。企业如果没有实现一定程度的哲学共有，我们就先不要急于求成、全面铺开稻盛经营体系，还是要按部就班、循序渐进、由浅入深、由粗到细。考评就意味着这些数据结果会记录到员工档案，对员工的成长、晋升和激励都有直接参考意义，所以这时候的员工一定会更加重视和在意，考评结果一律对内公开。

三、道术合一

从稻盛经营体系导入企业的第二年开始，因为哲学与会计已经融为一体，道与术也已经合二为一，围绕着企业愿景这个奋斗目标，各个阿米巴可以适当加快战略推进速度。

不过这时候比较容易出问题，因为取得一些小成绩，员工们比较容易滋生骄傲自满情绪。要谦虚，不要骄傲，人一旦骄傲就会做错事，就会目空一切，谦虚才能让企业进步。

第二年更应该修炼内功、完善系统，倒过来对前一年的核算表和课题构建进行查漏补缺，对企业流程、制度、标准和岗位职责进行优化升级，对定性和定量的计划进行细化。

然后，再巩固企业经营战果，夯实哲学根基，适当加快战略推进速度。提高心性、拓展经营，哲学与会计就可以融合得更好。因为第二年企业已经培养了一批经营人才，他们都会滋生出为企业开疆拓土的创业欲望，所以适当调整战略布局，加快对外扩张战略的推进速度也是很有必要的。随着战略目标的调整，阿米巴长们也要不断挑战自我，要设立高目标。

第三年是很关键的一年，道术合一的稻盛经营学，通过导入阿米巴经营会计，企业经营数字会有很大的进步，全体员工的心性也会有很大的提升。可是，时间长了人总有松一口气的惰性，一旦懈怠下来，要再回归创业激情很难，也就是说很容易前功尽弃。做到道术合一很难，失去道术合一却很容易，所以如何让企业团队始终都保持激情四射的奋斗状态是非常重要的。要成功很难，持续成功更难，只有不断地提升心性才能保证企业基业长青。

稻盛经营学是哲学阿米巴，哲学阿米巴是道术合一的稻盛经营学。在企业落地操作期间，企业哲学要贯彻始终，在实践阿米巴各种方法论的同时，始终不要忘记贯穿利他的思维方式。换一句话来说，用哲学来讲阿米巴，用哲学来做阿米巴；用阿米巴来实践哲学，用阿米巴来落地哲学，用哲学阿米巴来落地稻盛经营学，这就是每一步落地操作流程的关键点。

第三节　稻盛经营学落地的总结

　　稻盛经营学落地最重要的是什么？始终贯穿稻盛经营学落地十二化的关键是什么？稻盛经营学落地最重要的是领导者身先士卒、率先垂范与知行合一，心动不如行动。只有企业领导者自己能做到，才是真正的稻盛经营学落地，才是知行合一，才是道术合一。

　　始终贯穿稻盛经营学落地十二化的关键是不忘初心、牢记使命；回归原点，实现梦想。企业领导者拼命努力的身影是最好的教材，员工总是看着领导者的身影来做事。企业领导者是引领全体员工走向幸福人生的向导，所以他们才被称为领导。

　　如果经营者仅仅把企业哲学当作员工的一种行为规范，当作驱使员工卖力工作的工具，他自己却不认可、不践行且不敬畏，那就是完全错误的认知，员工也不会买账。

　　没有企业哲学思想，阿米巴经营只是一副躯壳，一副没有灵魂的躯壳。企业哲学落地必须借用阿米巴经营这副躯壳作为载体，运用阿米巴经营会计作为落地工具，通过业绩分析、课题改善、哲学研讨和哲学恳谈等方式渗透思想理念，才能为员工树立正确的思维方式，点燃员工奋斗的人生激情，同时也培养员工的各项技能。稻盛经营体系就是要这样导入才能推动企业健康稳健地发展，一定要把稻盛经营体系作为一个整体在企业内导入。

稻盛经营体系是追求全体员工共同参与企业经营管理的赋权管理模式，核心点就是全员参与。怎么样才能让员工参与经营？怎么样才能放心给员工授权？怎么样才能培养出企业的经营人才？稻盛经营学在企业落地的时候，老板一定要取得中高层干部的支持，他们是基层员工的代表，他们对稻盛经营学的认可、支持和推动可以让导入效果事半功倍。

如何才能引起他们内心的共鸣？如何才能得到他们的真心支持？经营者一定要把姿态放低一点，相信员工的能力，相信员工的选择，相信员工的善良，相信员工的智慧，还要对中高层干部们进行有效的授权，否则谁敢去承担经营责任？组织划分、核算表和哲学手册的内容都要让他们去表决。只有他们自己投票表决出来的结果，干部们才会相信。

经营者也是员工，而且是最重要的员工。全员参与就是通过全体员工参与核算表的填写分析来参与企业经营的，所以经营者也要学习和掌握核算表的设计制作和数据分析。这不是一套交给下属就能甩手不管的管理体系，这是企业经营者必须参与的经营模式。

经营者不带头学习，员工又怎么会用心学习？经营者都学不会，普通员工又怎么学得会？这套体系就是为了全体员工而构建的，经营者不带头践行，其他员工又怎么会践行？企业主作为经营者必须是最投入的一名员工，事实上不需要经营者去进行日常操作，各个阿米巴长学会以后，第二和第三负责人也必须学会，回到阿米巴再教会其他可以培养的员工，让大家都有机会成才，让大家都有机会参与企业经营，让人人成为经营者能真正落到实处。

阿米巴核算表数据录入和表格制作是非常严谨的工作，为了培养阿米巴内部的经营人才，大家可以通过轮流填写表格的方式参与企业经营，不过阿米巴长必须要亲自审核，确保数据的准确性。现场改善需要现场真实的数据支持，每位填表的员工都要追求完美主义，这也是阿米巴会计七原则的一条。失之毫厘差之千里，核算表的数据误差会造成大错。

核算表做出来以后，通过每个月的业绩分析会和课题改善，让每一位员工都参与到企业经营中，一起努力改良改善，全力提升经营数字，激发现场员工的创新思维。企业哲学的渗透导入，会让全体员工人人成为经营者，每位员工都会轮流填写核算表，积极参与科目管理；每位员工都参与课题改善，为企业发展贡献智慧，为企业进步添砖加瓦。

道术合一的稻盛经营学，从哲学到会计软件十二化，一环扣一环，层层递进，由虚到实，由文字到数字，让全体员工都能参与企业的经营管理，让全体员工都能快速成长。在企业做稻盛经营学落地导入的时候，拿着落地"说明书"，按照《稻盛经营学落地操作手册》的指引，按照道术合一三个步骤的每个月分解，第四个月就能看到落地导入效果，一年以后就能基本完成系统导入，从此大家一起同修稻盛经营学，一起提高心性，一起拓展经营。

哲学理念化、理念使命化和使命愿景化是稻盛经营学企业化的第一步，《企业哲学手册》可以明确员工们的初心和梦想，从此大家就有了诗和远方。把企业哲学的内容全部编制出来，就完成了哲学共有的第一步。随着员工心性的提升，哲学手册还需要不断升级。

接下来是哲学宣讲与哲学践行两条腿走路，经营管理部要负责企业哲学的宣讲。所以，经营管理部的员工要对哲学内容解读部分特别熟悉，关键还是对企业哲学的践行坚持不懈。要亲身感受与知行合一，如果学会用行动和身影去做哲学宣讲，员工的理解肯定会不一样，也特别容易产生共鸣和认可。哲学落地愿景化，员工的人生目标就会清晰起来。

愿景战略化和战略组织化是稻盛经营学把经营责任落实到个人的第二步，企业有目标、组织有目标、个人有目标，哲学共有就进入到目标共有。各个部门各司其职，员工头上都有自己的经营指标，从点到线，从线到面，从局部到整体，稻盛经营学把整个企业融合为一个整体。战略把愿景切割成碎片，哲学把碎片融合为整体。很多企业都怕做大，规模小的时候团队人心很整齐，规模壮大以后团队会变成一盘散沙，这就需要哲学才能凝聚。

组织流程化、流程制度化和制度标准化是稻盛经营学要考核的第三步，阿米巴组织划分完成以后，企业可以根据自己的实际需要，选择合适的时间点进行流程制度的梳理和提炼。哲学落地还是要对员工进行考核，员工们才会认真重视起来，所以企业的业绩考评很重要。考核一定要追求公平公正，要让员工们都能心服口服，那就要设定好评分标准。

稻盛经营学落地做到标准化以后，员工就不会有什么争议了，执行起来也比较容易统一。考核标准由谁制定是这里的关键，员工只有感受到当家做主，自己的事情自己可以做决策，他们才会积极主动。考核是为了培养人才，也是为了帮助员工进步。考核标准是由员工自己确定的，上级领导可以提建议，领导可以从员工给自己定的标准判断他的志向。

标准数字化、数字表格化、表格会计化和会计软件化已经是稻盛经营学落地的最后一步，落到这里真的是接地气的一步，哲学已经数字化了，通过软件可以做到玻璃般透明的经营。任何企业只要把稻盛经营学落地十二化做完，就会形成一个完整的经营管理体系。再把数字哲学化就能形成一个管理的闭环，持续循环不止，全体员工一起提高心性、拓展经营。

稻盛经营学是一个科学的经营体系，充满着利他的慈悲心，特别适合追求幸福的企业。

稻盛经营学落地十二化到这里就要结束了，这十二个板块围绕着稻盛经营学落地来展开。其中，成功方程式、六项精进和经营十二条贯穿整个落地十二化，这十二个板块也是围绕着如何培养企业经营人才来展开的。哲学共有是为了培养与企业价值观一致的经营人才，组织划分是培养企业经营人才的一个平台，会计核算是培养企业经营人才的一套工具。最后共同形成一套《稻盛经营学落地操作手册》，就是为了更好地帮助企业导入稻盛经营学。

图书在版编目（CIP）数据

稻盛经营学落地操作手册 / 林国华 著 . —北京：东方出版社，2020.6
ISBN 978-7-5207-1527-0

Ⅰ . ①稻…　Ⅱ . ①林…　Ⅲ . ①企业经营管理－手册　Ⅳ . ① F272.3-62

中国版本图书馆 CIP 数据核字（2020）第 082638 号

稻盛经营学落地操作手册

（ DAOSHENG JINGYINGXUE LUODI CAOZUO SHOUCE ）

作　　者：林国华
责任编辑：贺　方
出　　版：东方出版社
发　　行：人民东方出版传媒有限公司
地　　址：北京市朝阳区西坝河北里 51 号
邮　　编：100028
印　　刷：北京文昌阁彩色印刷有限责任公司
版　　次：2020 年 6 月第 1 版
印　　次：2020 年 11 月第 2 次印刷
印　　数：8 001—13 000 册
开　　本：880 毫米 ×1230 毫米　1/32
印　　张：8.25
字　　数：157 千字
书　　号：ISBN 978-7-5207-1527-0
定　　价：45.00 元
发行电话：（010）85924663　85924644　85924641
